裁判官！当職そこが知りたかったのです。

―民事訴訟がはかどる本―

裁判官 岡口基一 × 弁護士 中村 真

学陽書房

まえがき

民事訴訟に関する新しい書籍が、毎年、何十冊も現れては消えていきました。そのほとんどが、訴訟マニュアルか学術書です。

最近のトレンドは、基本書には書かれていないけれど、訴訟代理人の「実務のこういうことこそ知りたかったんだ」という知識をてんこ盛りにまとめたものです。

しかし、そういうタイプの書籍も、そろそろネタが出尽くした感があります。読み手も書き手も弁護士であるため、どうしても、話題が似通ってくるのです。有効な訴訟戦略をたてるためのノウハウを習得するには、弁護士同士で感じたことを教え合うだけでは限界があります。

相手の手の内を知るという意味でも、訴訟指揮をする立場にある裁判官に、民事訴訟について感じるところを話してもらう企画があってもいいのではないでしょうか。また、個人的に、「世間知らずな裁判官」と「依頼者を説得できない弁護士」というとらえ方や両者の間にある相互不信のようなものに光を当ててみたいという思いがありました。

これまで、書籍、企画問わず面白そうなものには首を突っ込んできた私ですが、このたびたどり着いたのが、民事弁護士が民事裁判官にインタビューするという企画であったわけです。

しかし、とおりいっぺんの話しかしてくれない裁判官では、無難な話に終始し、ネタになりそうな中身が出てこないおそれがあります。加藤新太郎元判事、須藤典明元判事、園尾隆司元判事、山室恵元判事、原田國男元判事、中込秀樹元判事……。法曹であれば誰でも知っている個性派の裁判官が何人もいた時代は過去のものとなり、今は、裁判官がサラリーマン化してしまっているという声も聞かれる時代です。

いや、現職の裁判官の中にも、個性あふれる方が一人だけいました。SNSで赤裸々なプライベートを晒しまくっている方が。そう、岡口基一裁判官です。SNSは「オフ」の場と割り切っているため、かえって、「オン」の話題は発信していません。岡口裁判官に、仕事の本音を語ってもらう場があったなら面白いのでは……?

思い立ったが吉日。岡口裁判官に打診したところ、すぐに快諾の返事がありました。とんとん拍子で企画は進み、訴訟代理人が知りたいことだけを裁判官に尋ねる、二日間のロングインタビューが実現したというわけです。本書は、そのエッセンスを、一冊の本にまとめたものです。

本書の内容は、書面の作成、証拠提出、証人尋問、和解、判決、そして控訴に至るまで豊富なトピックが盛り込まれています。さらに民事訴訟の知識にとどまらず、これまでどんな本にも書かれていなかった、裁判所内部の実態、具体的には、合議の進め方、起案の仕方、裁判官の人間関係にまで触れています。

裁判官が考える訴訟戦略のポイントから、知られざる裁判所内部の様子まで、目から鱗の情報がオンパレードの本書の中には、これまでとは違った新しい訴訟代理人に生まれ変わるためのヒントがきっとあるはずです。

オフではなくオンで本音を語る。まさに本邦初公開、魅惑の岡口ワールドをご堪能ください。

弁護士　中村　真

CONTENTS

まえがき 03

CHAPTER 01

書面

裁判所から見た「いい書面」「悪い書面」 16
要件事実の知識の有無が最も表れる書面 18
訴状のファーストインプレッション 19
見落とされがちな「よって書き」 20
代理人の印象は訴状で決まる 21
書面はゴテゴテ飾るべからず？ 21
書面を読むタイミング 22
しょうもない主張につきあう必要は？ 24
エモーショナルな書面の効き目 25
基本的事実の主張の欠落 27

書面を送るべきはファックスか郵送か 28
やたらと長い書面 29
いつも自分の主張で終わりたい代理人 32

CHAPTER 02

立証

高裁裁判官がまず読むのは証拠説明書？　原判決？ 34
被告欠席が見込まれるときに出しておくべき証拠 36
証拠の表記方法あれこれ 38
立証責任のない当事者にどの程度事情を明らかにさせる？ 40
証拠調べにより証明すべき事実の確認 43
「適時提出主義」の「適時」とはいかに 44

CHAPTER 03

尋問

陳述書には何を記載するべきか …… 48
「尋問バッチリだったのにこの判決？」という疑問が生じるワケ …… 51
補充尋問についての考え方 …… 53
尋問で変わる印象 …… 55
証拠調べ期日前の準備 …… 58
介入尋問と補充尋問 …… 60
尋問の和解への影響は？ …… 62
弾劾証拠を裁判官はどう見ているか …… 63

CHAPTER 04

和解

和解のメリット・デメリット …… 68

県民性と和解のゆくえのカンケイ 70
「7割」和解を成立させる裁判官が語る 70
手元不如意の場合 76
やっぱり和解してください 78

CHAPTER 05

審理の終結

弁論の終結〜判決までの裁判官のお仕事 80
最終心証ができるまで 82
判決までのスケジュール感 83
部長の心証やいかに 85
「合議の充実」の取組み 90
裁判官同士のコミュニケーションの変容 92
最終準備書面、コレを書いたら勝たせたる 94

CHAPTER 06

判決

上級審への移審は考慮するのか……98

和解協議が判決に影響!?……101

代理人の腕のよし悪しが判決に及ぼす影響……103

起案合議……104

審理期間の長さは気になる?……106

CHAPTER 07

控訴

双方から控訴される判決……108

高裁裁判官が控訴審でまず着目すること……110

控訴代理人の見立てと筋と……112

控訴の趣旨は大抵どこか間違っている?……113

双方控訴・附帯控訴などの事情の影響は？……115
【書式】控訴の趣旨と控訴の趣旨に対する答弁……116
控訴審における和解……117

CHAPTER 08

裁判所から見た内外のお仕事事情

ブラックボックス？ 裁判官の異動時の引継ぎ……120
異動を控えた裁判官……124
主張まとめメモの提出要請……125
処理して行くか置いて行くか……126
裁判官の宿題事情……129
事件処理「以外」にはこんなことをしています……130
裁判官に求められる資質……131
裁判官の仕事の魅力……133
裁判官はしんどい？……134

CHAPTER 09

これからの民事訴訟を語らうこと

民事系裁判官のスキルが光る場面 …… 135
高裁から見た管内の裁判官 …… 136
裁判官に信頼されている代理人 …… 138
裁判官から見た最近の若い代理人 …… 140
裁判官がやりやすい代理人 …… 144
裁判官よ、外に出よう …… 146
民事訴訟の質は今がピーク? …… 150
なぜ今がピーク? …… 151
失われる旧様式判決 …… 152
消えゆく要件事実教育 …… 153
要件事実教育の担い手やいかに …… 157
専門訴訟の課題 …… 158

マニュアル化とＡＩ 159

おまけ

裁判官！岡口さんのこと、教えて！

同業者との距離感 162
知られざる裁判所の飲み会 165
この仕事はここがつらいよ 166
ポストの問題 168
これだからこの仕事はやめられない 169
「被害者を助ける」なかれ 170
岡口さんはどうして裁判官に？ 171
書籍の執筆はいつどうやって？ 173
岡口流の情報収集術 175
ＳＮＳとのつきあい方 177

☑ 司法試験は４回め …… 179
☑ 弁護士には、なってみたい？ …… 181
あとがきにかえて …… 184

裁判官！当職そこが知りたかったのです。

―民事訴訟がはかどる本―

01

書面

あなたが日々起案している書面、裁判所はどんな印象を持っているのでしょう？　代理人が気になる書面のよし悪しや提出の作法、まずは教えてください！

書面には二種類あってね
一つは読む価値のある書面。もう一つは…
おっとそれ以上は言わせないでくれよ。

裁判所から見た「いい書面」「悪い書面」

中村　民事裁判官として大変に有名な岡口基一東京高裁判事に、弁護士である中村が、長時間にわたりインタビューするという今回の企画。岡口裁判官のことですから、建前論に終始するのではなく、本音トークが炸裂するのではないかと期待しつつ、早速始めたいと思います。

岡口　お手柔らかにお願いします（笑）

中村　最初は、弁護士の仕事の中でも大きな割合を占めている、起案についてお話を聞いていきたいと思います。

書面には、読み手がいます。裁判官、そして相手方代理人。そこで、読み手のことを考えたとき、よい書面とはどういう書面であるのかということを、まずお伺いしたいと思います。

岡口　まず書面の分量で言えば、裁判官は、事件をたくさん抱えていてとても忙しいですから、分量が少ないほうがいいに決まっています。1頁にまとめてくれているのがベストなくらい。長くなるのであれば、最初の1頁目に要旨を書くなどです。長い書面は、その分厚さを見ただけで読む気がしなくなりますね。書記官が持ってきてくれてもすぐには読まないで、後ろの書面入れにそのままどさっと置いてしまいます。

それから、内容的には、問題提起・理由・結論という組立てがきちんとあって、それに肉付けがされているものがいいですね。すとんと頭に入るので、分量が多くてもすらすらと読めてしまう。

中村　それは我々も、相手の書面を読んでいるときに感じることですね。

岡口　裁判官はロジカルシンキングをしているので、読み手がそういう読み方をしていることを理解しておいたほうがいいですよね。**ロジカルな組立てとは関係ない部分は、裁判官は読み飛ばしている**と思います。

中村　今言われた問題提起・理由・結論というのは、裁判官が判決を書くときはその枠組みで書くと思うんですけど、弁護士は、そういう司法試験の論述みたいな形の起案はあまりしないんじゃないですか？

岡口　法律上の主張をしている部分では、ロジカルな組立てをきちんとされている気がしますが、事実摘示の部分が、途中で**浪花節的な内容**になったり、脱線が多い感じもします。
事実の摘示は、生の事実をそのまま書くのではなく、それを法的観点から再構成したものを摘示するのが、専門家である法曹の仕事ですよね。どんなに訴訟物や攻撃防御方法が複雑になっていても、リーガルな観点から最も正確な事実摘示をする。ベテランの法曹は、2年間もあった修習期間中に、その演習である要件事実教育をみっちりさせられていましたから、事実摘示というのは、要件事実がベースにあって、そこに肉付けをしていくものだという基本がしっかり身についていますよね。ところが、最近は、要件事実教育をしなくなったからなのか、起案の基本的な考え方がわかっていない、本人訴訟とあまり変わらないような書面が出てくることもあります。

☑ 要件事実の知識の有無が最も表れる書面

中村　要件事実教育がされなくなったと。それって代理人の書く書面に、具体的にどういう形で問題点として表れるんですか?

岡口　例えば訴状ですよね。訴訟物が1個だといいんですけど、複雑になると途端にダメになる。

中村　ダメですか。予備的請求とか出てくる場合ですかね。

岡口　訴状で、**複雑な訴訟物であってもしっかり書けていると、もうそれだけで「この人はわかっている人だ」と代理人を信頼しますね**。書記官も、印紙の額が正しいかどうかは訴訟物で確認します。訴状審査は書記官がやるので、訴訟物と照らし合わせながら見ているんですね。そうしないと印紙の額がわからないですから。書記官も裁判官も訴状はまず訴訟物を見る。ところが要件事実教育を十分に受けていないと、簡単な訴状であればパーフェクトに書けているんだけど、ちょっと複雑になると途端にダメになってくる。訴訟物で既にダメだから、請求原因もぐちゃぐちゃですよね。

訴状のファーストインプレッション

岡口　話のついでに、訴状で、もう1つ知っておいてほしいことは、裁判官は忙しいので、**訴状を読んでとりあえずの心証をとってしまう**ことです。

中村　まだ答弁書が出ていない段階で、既に心証形成は始まっているということですね。

岡口　訴状は、ファーストインプレッションなのですが、これがとても重要なのは、裁判官がこのファーストインプレッションにしばらく拘束されるからです。だから、訴状はなるべく短く、すぐに読めるようにして、ベストエビデンスを挙げながら、「私が言っていることは間違いないのです」と裁判官に刷り込む。それをまずバンとやるのがすごく大事で。そうすると、裁判官は忙しいので、訴状審査の段階で訴状をさっと読んで「ああ、これはこっちが勝ちね」って頭の中にインプットするんですよね。

中村　なるほど。最近、弁護士の仲間内で、訴状で原告代理人が求釈明を出しているのはいかがなものかみたいな話があったんですけど、それも同じような感覚ですよね。

岡口　そうですね。何か自信がなさそうに感じますね。

中村　普通はちゃんと訴状で言うべきこと、つまりこれで判決を出してくれても問題ないですというのが揃っていれば、求釈明を出す必要はないですもんね。なるほど。

見落とされがちな「よって書き」

中村　訴訟物がちゃんと書けていないとは、具体的にどういうレベルなんですかね。

岡口　訴訟物は「よって書き」に正確に書かれているはずなのですが、それがそうではない。「よって書き」に「よって、被告は原告にいくら払え」としか書いていないものもあります。

中村　我々は、「よって書き」は修習で絶対書けと言われて。「よって書き」については、認否は不要というように研修所では習ったんですね。「よって書き」が書かれていても、それがそこまでに書かれている具体的な事実と矛盾していたり、きちんと繋がっていなかったりということなんでしょうか。

岡口　具体的事実の主張を見ると、訴訟物が2個あったり3個あったりするようにも見えるんです。そして、その関係が選択的であったりとか。しかし、よって書きを見てもよくわからない。2つ可能性があって、そのどっちなのかわからなかったり、2つの関係はどうなっているのか整理できていなかったりする。そのままでは、書記官も訴額を決められない。

代理人の印象は訴状で決まる

岡口　逆にそういった部分が正確に記載されていると、この先生はできる人だなって思いますね。**訴状は、代理人の印象も決める**んですよ。

中村　そうですか。それは聞きたかったことです。なるほど。

岡口　訴状を読んでいて、よって書きの記載などから「この先生は信頼できる」と思うと、それ以外の主張の記載も俄然頭に入ってくる。この先生の主張に乗れるなと思う。賃借物の明渡請求事件みたいな、ある程度定型的に処理できる事件は別として、本格的に争われそうな事件は、**最初に訴状で印象を刷り込む**のがよいと思います。

中村　確かに最初にきちんとした訴状が出てきたら、そう思っちゃいますもんね。相談を受けていても、相手方の訴状がそれなりにきちんと書かれていると、「これはちょっと厳しい戦いになるのかな」と思うときもありますからね。

書面はゴテゴテ飾るべからず？

中村　その刷り込みがきちんとできていないのは悪い書面の1つのパターンだと思うんですけど、ほかに書面の体裁で何かありますか？　形式面でこういうのはよくないというのは。

岡口　いつも読んでいる判決書の形式に従ったほうが、裁判官は多分すんなり読めると思うんですよね。

中村　私は代理人の立場から読んでいて、26行で何文字とかって、裁判所が指定した書式があるじゃないですか。基本的には、それが一番読みやすいと思うんです。行数が非常に少ないと読みにくいんですよ。同じ要素が複数の頁にまたがるから、何回も戻って見返さないといけない。逆にぎちぎちでも見にくいかなと思うんですけどね。海苔みたいにびっしり真っ黒で、しかも事実と評価が混然一体になっていて、どう読めばいいのかという。

岡口　それから、色をつけてきたりとか飾ったりとか、そういうのは結構邪魔ですよね。

中村　色分けはしない。まあそうでしょうね。だって、ファックスだとわからないですしね。あとは、太字とか下線とかもあまり要らない？

岡口　そうですね。でも、それは裁判官によるのかな。それが効果的な裁判官もいるのかもしれませんね。

書面を読むタイミング

中村　非常に気になったフレーズで、「読み飛ばしちゃう」というのが先ほどあったんですけど（本書17頁参照）、ここは関係ないなと思ったらもう次へ行っちゃうということですか？

岡口　ええ。そう思ったら、その段落を丸ごと飛ばしますね。

中村 例えば判決になりますよというときに、もう一度ちゃんと一から読まれることは……。

岡口 判決を書く際にはきちんと読みます。私の場合、和解で終わることが多いのでそこに至らないんですけど。ただ、裁判官は、判決を書く際は、さすがに主張書面を全部読みます。

中村 非常にお忙しいという話があったんですけど、例えば、期日の1週間前に書面が出たら、裁判官はそれをいつの段階で読むんですか？

岡口 すごく恥ずかしい話ですけど、1週間前に出て、1週間前に読んでいるかというと、そんなことはなくて……。

中村 そうですよね。ときどき、書記官さんも言いますもんね。週末に書面出しても「どうせ読むのは週明けですから」と。

岡口 多分2日前ぐらいじゃないですかね。

中村 それでも2日前に。

岡口 1週間前に出てきても後ろの書面入れに積まれて、ほかの書面に紛れてしまうだけです。かといって、ぎりぎりに出してもらってもいいわけでもない。

中村 そうですね。でも最近、提出期限まで1週間を切ると書記官さんからファックスでリマインドの連絡が来ます。あれは、弁護士としてはすごくありがたい……。しかるべき形だなと思いますね。あれはいいことだと。まあ、言われる前にきちんと出せって話なんですけどね。

岡口 あれは、どっちかというと、「相手方がまた反論するかもしれないので、一応1週間空けておけば、大丈夫かな」という保険みたいなところもあって。裁判官は、大体2日前に出せれば本当はいいんですけど。

中村 逆に、ときどき期日で「当日になって申しわけないですけど」と出す人がいるじゃないですか。あれは全然読めないですよね。

岡口 そうですよね。裁判官も読めないですが、相手方の代理人も困りますよね。陳述させないでくださいと仰る方もいますよ。「当日では困るので、陳述自体やめてください」と相手が言うと、仕方がないから「陳述自体も次回にお願いします」と言わざるを得ないですね。

中村 その場で渡されても、反論するかどうかも判断できないですもんね。遠くから出廷している代理人は気の毒ですね。

岡口 もっとも、私は期日当日の10分前に出た書面でも、その10分間に読んでから法廷に向かいますよ。私は法廷を支配したがるタイプで、一応全情報を得た上で期日に臨みたいので。

しょうもない主張につきあう必要は？

中村 代理人の立場でよく気になるんですけど、しょうもない主張に対しても、一応反論しておいたほうがいいのかということをよく悩みます。それはどうですかね？

岡口 まあ、**一応、反論しておいてくれるとありがたい**ですね。判決は全ての主張を排斥しなければならないので、しょうもない主張でも何か理由を考えて排斥するんです。それが結構大変な作業なので。

中村　ということは、一応相手のほうから反論が出ていたら……。

岡口　それに乗れるので、大変にありがたいんです。どうしようもない主張に答えるのが実は一番大変で、そもそもどうしようもないへ理屈なんですよね。へ理屈に対して、それなりの理由を付けて返さなければならないので、すごく大変……。だから、「原告は、縷《る》々《る》主張するが、いずれも理由がない」などと、簡単に全部排斥してしまう裁判官もいるんですけど。私は、あまり「縷々」は使わなくて、一応一つひとつ答えているので、それが結構大変なんですよ。

中村　縷々って、読めるけど書けないんですよ、私。

岡口　ひら仮名で「るる」としている判決も多いですよ。いずれにせよ、反論を相手方がやってくれれば非常にありがたいです。ただ、反論してもしなくても大勢に影響はないと思いますけどね。

エモーショナルな書面の効き目

中村　先ほど少し話に出てきた浪花節的な記載、つまり感情に訴えかけようとするだけで、主張立証にはあまり影響しないようなところは、反論せずに無視してもいいんですかね？

岡口　私の場合、そういう記載は、ほとんど意味がありません。ただ、それも裁判官によると思うんです。感情を揺さぶられる人もいますから。

中村　それって少しやりづらいですね。

岡口　逆に、**エモーショナルな書面にかちんとくる裁判官もいる**。主張の内容が弱いから感情に訴えようとしているんだなと思う人もいる。他方で、素直に乗ってくれる人もいるので、裁判官によるんです。

中村　それは訴訟指揮を見ながら、裁判官のキャラクターをつかんでいくしかない？

岡口　どっち系なのかなあ、と。例えば、法廷で泣いちゃうような裁判官は多分感情に訴えかけられると弱いんですけど。私はあり得ないですね、法廷で泣くなんて。**だって、大変な被害を受けたとか供述していても、実は嘘をついているかもしれない**わけでしょう。だから、感情的に何か訴えかけられても、全然。何を言っているのという感じで構えています。

中村　どちらかというと、そういう一歩引いた立場から冷静に事案を見られる裁判官の方が望ましいと思いますね。

岡口　だって、本当かどうかわからないじゃないですか。

中村　民事で泣く裁判官っているんですかね。刑事には……。

岡口　刑事にはいますかね。いや、民事でも、やっぱり思い入れがすごく強くなっちゃう裁判官がいるんですよね。そういう裁判官は、むしろエモーショナルな書面を書いたら、だめ押し的になるんじゃないですか。

中村　でも、結局、それは判決の理由として書ける部分じゃないですよね。

岡口　まあそうなんです。

中村　そうなると、事実上よくない形で影響してしまうこともあるから気をつけろという話なんでしょうね。

岡口 そうですね。あと、慰謝料の額とかがあるんですかね。慰謝料は全ての事情を総合的に考慮しますからね。

基本的事実の主張の欠落

中村 具体的な書面の事実記載の部分で、「こういう書き方はよくないやろ」という、もっと細かい話って何かありますか？　例えば、原告側の主張で、いわゆる5W1Hが特定されていないから、認否するために逆に被告のほうから釈明をバンバン出さんとあかんということがあって、それはちょっとかなわんなと思うんですけど。そういうのは問題ですよね。

岡口 そうですね。それに限らず、最低限の情報は一応出しておいてほしいですよね。今、実家にいるのか、ひとり暮らしなのかとか。その人がどういう人かわかる情報があると、例えば原告本人について、イメージが膨らんでいくんですけど、要件事実だけバンバン書かれちゃうと、まずその人がどういう人なのかがわからないので。

中村 そこについては、裁判所のほうから、例えば求釈明で聞くということは基本的にはあまりされない、してはいけないということですかね？

岡口 いや、それも裁判官によるんですね。自分はあまりしないほうですね。

中村 裁判官のイメージを膨らませるために、ある程度はバックグラウンドも記載するといいんですね。それは、例えば交通事故の被害者の方でとかいうこと？

岡口　それも、そうですよね。慰謝料とか逸失利益とか、いろいろ考えるときにも、まずどういう人か知らないと。今どういう被害を受けているのかって、その人の状況によって違うので。

中村　それは陳述書で、例えば証拠レベルで出ていたら足りるものなんですか？　それとも、主張としても出ていたほうがいいんですかね。

岡口　どこかに出ていればいいですけど、ただ、いずれは探し回らなきゃならないので、**最低限の情報は主張の中でまとめて**くれていると、すごくありがたいですよね。

書面を送るべきはファックスか郵送か

中村　書面がファックスで出るか、それとも、郵送でクリーンコピーが出るかは判断に影響しませんか？

岡口　それはまったく影響ないですね。ちなみに、ファックスで書面を出した場合、規則上はそれが正式書面なんですよね。だから、その後にクリーンコピーが提出されても、それを正式書面であるファックス文書と差し替えることはできないはずなんです。既に、一部の裁判所では、この差替えをしないという運用が始まっています。

中村　それは、ファックスが来た後に、クリーンコピーを出すのがどうかという話なんですか？

岡口　そうなんです。

中村　弁護士は結構ぎりぎりのときとか、先にファックスで流しちゃって、その後でクリーンコピー、ちゃんときれいな読めるものを出すことは多いんですけどね。でも、裁判所としては、クリーンコピーが来たからファックスのほうを捨てるというわけにいかないので、両方記録に綴じないといけないから逆に迷惑なんだ、というのは書記官さんに言われたことがある。

例えば、写真があったら、ファックスでは見えないので、裁判所に郵送で出す、あるいは持参で出す。別にそれだけだったら問題ないんですよね。

岡口　そうですね。

中村　実際、確かにファックスってちょっと読みにくかったりするじゃないですか。読み手として、判断に影響する部分ってあると思います?

岡口　いや、それはもう慣れていると思いますけどね。

中村　基本的に、私はイソ弁（注・居候弁護士の略。法律事務所に雇われて勤務する弁護士）のころ、ボスから「裁判官に読んでいただくものやから絶対ファックスで出すな。毎日裁判所へ行くのでそれに合わせて出しなさい」と言われていた。確かにそのほうが見やすいんですけどね。

やたらと長い書面

中村　先ほどの長い書面はよくないという話ですが、長い書面を好む裁判官もいるんですかね。

岡口　私は、短くて要領を得ている書面がいいですね。判決では、当事者の主張をまとめてしまうので、どうせ短めになるんですよね。

中村　判決には、当事者の主張をそのまま書くわけではないんですね。

岡口　最近、当事者からデータを出してもらって、それを判決に貼る裁判官がいるんですよね。判決書の「当事者の主張」欄にそのまま貼りつけるので、判決書がやたらと長いんですよ。そういう判決って読みにくいですよね。もうちょっとちゃんとまとめてくれよと言いたくなります。だから、裁判官は手抜きしないでほしい。どうしても冗長な判決になってしまうので、データをコピペするのはよくないですね。自分で内容をまとめて、短くして、それで読みやすい文章にして判決を書く、やっぱり裁判官はそうすべきなんですよね。

中村　データを出させるって規則に何か根拠がありましたっけ（民事訴訟規則3条の2※）。

岡口　あるんです。以前は大規模事件だけだったんですけど、民訴規則を改正して、今では、どんな事件でもデータを求めることができるようになったんです。

中村　長いのはダメという話に戻すと、ときどき、大規模な事件で、目次とか脚注とかつけている書面がありますけど、それは好ましくないんですかね。

岡口　長いときには、目次はあったほうがいいですね。**目次とか箇条書きとかは助かります**。

中村　そうか、目次は、書かれている内容がぱっと概観できるからいいんですね。

岡口　ええ、目次はあったほうがいいですね。

中村　目次って、どのぐらいの分量の書面だったらあったほうがいいなと思われます？　10頁だったら要らないですか。

岡口　要らないですね。やっぱり40頁ぐらいとか、それぐらいだと目次があったほうがいいですね。反対に、大したボリュームになるような内容でもないのにすごく長く書いていて、目次をつけている人がいる。そういう書面の中身は大体冗長で、読む時間が無駄だったという感じなんですよね。

中村　それも、途中ざっと読み飛ばしてしまうところが多くなってしまうということですかね。

岡口　ええ、**大した内容じゃないのに分厚いという、もうそれだけでダメですね**。見ただけで既にダメですね。

中村　多分それって、裁判官の中での共通認識なんじゃないですかね。長いのは相手方でも読むのは嫌ですよ。代理人も、期日前に相手方から反論が来たら、自分にとって不利な事実とか主張とかが出てきたらどうしようって思うので、それを読むのに結構エネルギーを使うん

※（裁判所に提出する書面に記載した情報の電磁的方法による提供）
第三条の二　裁判所は、判決書の作成に用いる場合その他必要があると認める場合において、当事者が裁判所に提出した書面又は提出しようとする書面に記載した情報の内容を記録した電磁的記録（電子的方式、磁気的方式その他人の知覚によっては認識することができない方式で作られる記録であって、電子計算機による情報処理の用に供されるものをいう。以下この条において同じ。）を有しているときは、その当事者に対し、当該電磁的記録に記録された情報を電磁的方法（電子情報処理組織を使用する方法その他の情報通信の技術を利用する方法をいう。）であって裁判所の定めるものにより裁判所に提供することを求めることができる。

ですよ。それでも読まなあかんから、読んで、一応自分の書面について、認否をマル・バツ・三角でつけていって、反論が必要か検討するんです。短くて要領を得ている書面がよくて、冗長な書面は嫌われる、というのは弁護士も同じです。

岡口　内容に見合ったボリュームで。内容が大したことないのに分厚かったら、そこでアウト。

中村　そういうところで、代理人の力量に対する裁判所の評価って蓄積されていくんですかね。

岡口　そうですね。**「この内容でこんなに分厚く書いてしまうということは、何でもこうやって内容以外のところで裁判官を惑わせようとする先生なんだな」**と思ってしまうので、逆に信頼がなくなるんですよ。だから、大した事件でないんだったら薄くていいんです。

いつも自分の主張で終わりたい代理人

中村　主張の後出しというか、最後に出したがる人っているじゃないですか。絶対向こうから出たものに、自分の側で反論して終えたいという。それって意味がありますかね。

岡口　ほとんどないと思いますけどね。最後に自分で終わりたいんですか。

中村　ひどいときなんかは、一審の弁論終結期日に席上で渡されたことがあるんですよ。

岡口　それは依頼者の手前じゃないんですか?

中村　１週間前までに最終準備書面を終えましょうねという約束があったんですけど、当日渡されて、裁判官に「こんなのはいいんですか」と言ったら、「大丈夫です。私もまだ読んでい

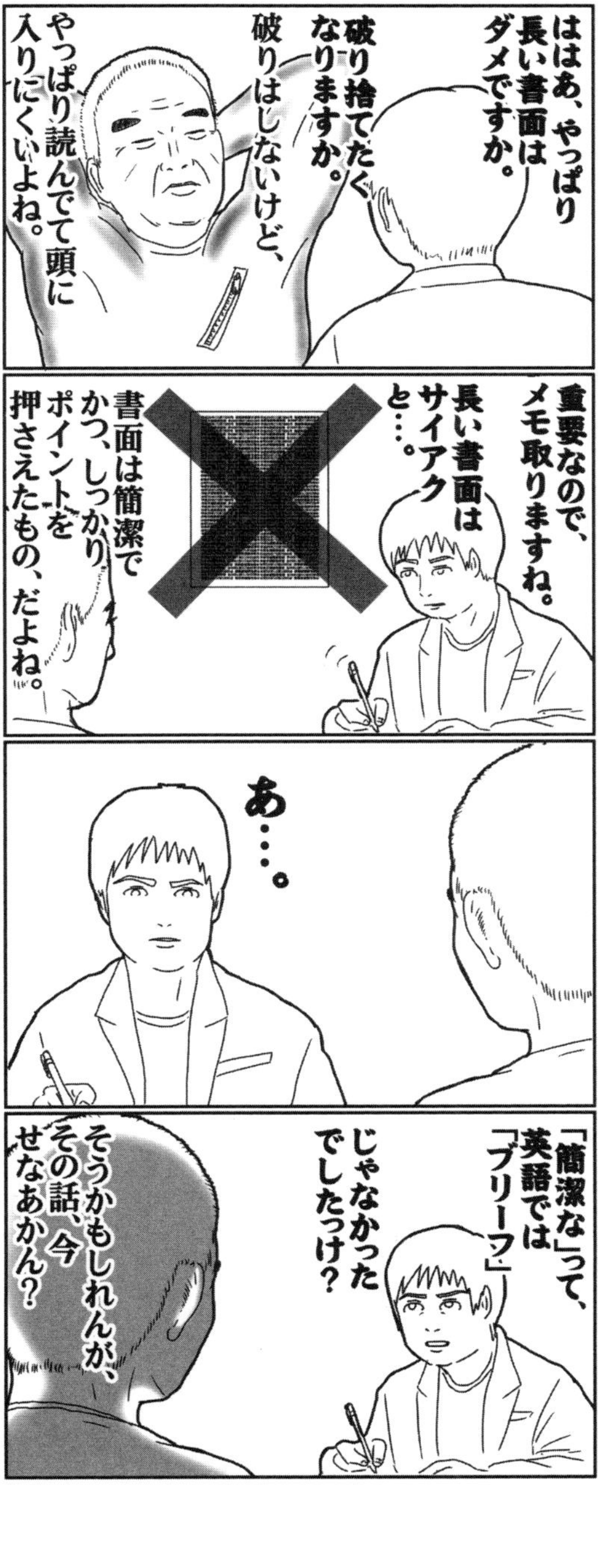

ませんから」と言われて「何が大丈夫やねん」と。さすがに、新しい反論が必要なことが出てきてはいないんですけど、やっぱりマナーとしてどうなのかなと思うんですよね。後出しじゃないですか。だから、弁護士としてはやっぱり決まった期日内でちゃんとやるのがマナーじゃないかなと思うんです。でも、それで大きく何か影響したとかいう経験は特に……。

岡口　新しい主張があると困りますよね。反論の機会を与えないといけないので、そこは見ますけど。従前の認否・反論だけですねと一応確認して、それであれば終結しますと。

02

立証

書証が形づくる印象とは？ 証拠の表記方法ってみんなどうしてる？ 立証責任のない側の当事者に事情を明らかにさせる？ 立証のギモンあれこれ。

その証拠、
出すの？
出さないの？
どっち？
ニヤニヤ
サッ
サッ

高裁裁判官がまず読むのは証拠説明書？ 原判決？

中村 書証と証拠の関連で、「高裁裁判官ってまず最初に証拠説明書を見るから、ちゃんと作っておけ」と、ある裁判官から聞いたんですけど、それは本当なんですか。

岡口 そうなんですか。

中村 人によるんですかね。

岡口 確かに、控訴審では、新たに有力な証拠が提出されなければ、そのまま原審維持となる可能性が高いですから、どんな証拠が提出されたかを確認すれば、それで大体勝敗が見えてしまうということなのでしょうね。

中村 控訴審に事件が上がってきて、岡口さんは最初、何のどこを見られます？

岡口 原判決を読みます。

中村 判決から。

岡口 **原判決がおかしくないかどうかというところを見る。**控訴状と原判決がまず来るんですよ。控訴理由書って後から出てくるから、代理人が控訴審でどんな主張をするか、まだわからないんですよ。

中村 その段階で一審の訴状やとか主張書面というのは出てきていない？

岡口 もちろん出てきています。その後、控訴理由書が出てきたら「原判決のここが不満なんだな」とわかるので、そこをちゃんと読むという流れですかね。

中村 なるほど。証拠説明書って裁判所的にはどういう位置づけの書面なんですか？ 重要なんですかね。

岡口 重要ですよ。立証趣旨を押さえた上で証拠を見たいですからね。例えば、会社絡みの大きな事件なんかだと、分量の多い会社の資料とかが出てきていても、全部読むわけにいかないし。証拠説明書に「立証趣旨はこうなので、ここを読んでください」と、それはちゃんと書いてもらわないと。まず証拠説明書を読んでから証拠を見るという感じですかね。

中村 なるほど。先に証拠説明書が出ていないと提出扱いにしないことが多いじゃないですか。だから、弁護士は、結構仕方なく作っている部分があったりするんですけど、ただ、立証趣旨のところは詳しく書いておいたほうが、特にボリュームのある資料とかでは、いいということなんでしょうね。

岡口　そうしないと、裁判官は、ボリュームのある資料なんか読まないですよ。時間がない裁判官にいかに見てもらうかなんですよ。

中村　じゃあ、例えば交通事故の事案で、実況見分調書を証拠で出すとき、どこまで詳しく書くべきでしょうか？　具体的に「被告車両が大幅な速度超過をしていた事実」「原告が前方注視を欠いたまま交差点に進入した事実」といった記載まで必要でしょうか？

岡口　その事件の争点をそのまま書くだけであれば、書かなくてもいいかもしれない。それはわかりますから。

中村　ちなみに、証拠で、例えば非常にボリュームのある契約書とかで、見てもらいたいところにマーカーを引いて出す先生がいるじゃないですか。あれは、有用なんですか？

岡口　すぐにわかるという意味では。証拠説明書で何頁の何行目とか書いてもらっても全然構わないですけどね。でも、変にマーカーを引かれちゃうと、今度は、文書の作成者の関係で、引いた人は誰とかいう話になってしまう。

被告欠席が見込まれるときに出しておくべき証拠

中村　欠席判決をとるために注意しておかないといけないことはありますか？　被告が欠席し

たのに、これだったら欠席判決を出せないじゃないですかというのは、どういうときですか？

岡口　被告が答弁書を提出せずに欠席すると、請求原因の要件事実は全部自白により確定しますが、それだけでは判断できないものもあります。一番よくあるのは、**慰謝料の額**を決めるための資料がない場合ですかね。慰謝料の額は裁判所が諸事情に鑑みて決めますから、何も資料がないと決めにくい。だから、そこは出してほしいですよね。それから、自白法則の適用がない訴訟。例えば人事訴訟ですね。人事訴訟で被告欠席のまま判決をしていいのかという話もあるんですけど、離婚訴訟などではこういう判決がされることもあります。こういう場合、原告の陳述書とかを出してもらって、認定ができるようにしてもらうということですね。原告本人が出頭していれば、ただちに原告本人尋問をするという手もありますが。

中村　事故の**過失割合**の判断も含まれるんでしょうか。

岡口　定型的な判断ができるのであれば、必要ありません。赤本[※1]とか緑本[※2]の基準どおりであれば別に問題ありません。そのときは、事故態様さえわかればいいんです。

中村　実況見分調書が証拠で出ていて、原告は訴状で100対0と言っているけれど、緑本で見ると基本的過失割合が80対20で、格別の修正要素も見当たらないということだったら、そ

※1　日弁連交通事故相談センター東京支部編『民事交通事故訴訟　損害賠償額算定基準（上・下巻）２０１７年版』（２０１７年）

※2　東京地裁民事交通訴訟研究会編『民事交通訴訟における過失相殺率の認定基準〔全訂５版〕』別冊判例タイムズ38号（判例タイムズ社、２０１４年）

れで欠席判決はできるということですか。

岡口　そういう場合は80対20でしますね。これも裁判所の裁量なので。こういった裁判所の裁量のはたらく部分は、**欠席判決でも、自分に有利な判断を得たければ何か出してもらったほうがいい**ですよね。

証拠の表記方法あれこれ

中村　証拠の番号振りとか並べ方とかで、工夫したほうがいいと思われることはありますか?

岡口　**枝番をつけないで出してくる人**は困りますけどね。相手方代理人も、証拠を引くときに困るでしょうね。あとは**頁番号**をきちんと打つとかですね。証拠を引くときに該当箇所が特定できるようにしてもらえればいいです。

中村　頁番号が振られていない、例えばカルテとかが、さっと30頁ぐらい出てきたときは、「これはもう1回振り直してください」と……。

岡口　それは言いますよ。裁判所が振るわけにいかないですからね。

中村　私はいろんな裁判官に聞いているんですけど、例えば交通事故で、毎月、診断書と診療報酬明細書って出るじゃないですか。あれは一緒に出るものなんですけど、別々の書面なんです。例えば、平成29年1月の診断書と診療報酬明細書を枝番で、甲3の1、甲3の2などとして出すべきか。それとも、診断書だけずっと時期に従って枝番を振って、診療報酬明細書はまた別で枝番を振るべきか、どっちのほうが読みやすいですかね。

岡口　診断書は診断書でまとめてもらって、診療報酬は診療報酬でまとめてもらうと扱いやすいですかね。

中村　なるほど。ここは結構意見が割れるところなんですが、私も診断書と診療報酬明細書は分けて枝番を振りますね。診断書だけ1月から10月まで枝番、甲3の1から10とかするんです。そのほうが書面を書いていて引用とかもやりやすいんです。対照はしますけど、診断書と診療報酬明細書で番号が揃っている必要もないように思います。

岡口　ただ、一般的には月ごとに出してきますね。診断書って印字してあるものですよね。

中村　そうです。

岡口　出し方としては、それを1セットで出してくる人が多いんじゃないですか。

中村　例えば、1月分は診断書を甲3の1、診療報酬明細書を甲3の2、2月分も診断書と診療報酬明細書を甲4の1、甲4の2という感じになりますよね。

岡口　そうですね。でも、侵害論の証拠と損害論の証拠は分けて出すことになっているので、そのルールだと、診断書は診断書で出したほうがいいですよね。

中村　そういう意味なんですね。

岡口　ええ。

中村　侵害と損害。だから、診断書は侵害の部分で、診療報酬明細書は損害に関するものだからという理解なんですかね。

岡口　そうですよね。

中村　なるほど。私は、大阪・神戸では、医療過誤って甲A、B、C、乙A、B、Cで分けていたんですけど、東京も一緒なんですかね。

岡口　あれは同じですね。

中村　医療行為等の事実経過に関する書証がA号証、その評価や一般的な医学的知見等に関する書証がB号証、損害立証のための書証がC号証という分け方でしたよね。

岡口　ええ。医療部はみんなそうしている。医療部の出している本にもそう書いているので、今は全国的にそうなってきていると思いますよ。

☑ 立証責任のない当事者にどの程度事情を明らかにさせる？

中村　非常にざっくりしたお話なんですけれども、立証責任がない側の当事者にどの程度事情を明らかにさせるかについて。例えば、相手が本人訴訟で、言ってもなかなか事情が出てこないような場合。「あなたのほうは知っているでしょう」と裁判官がこちらに聞いてくるんですけど、依頼者の手前、あまり不利な事項も言えないしで、板挟みになることがあって……。ここは何かご意見がありますか？

岡口　これは本人訴訟についてということですかね。

中村　本人訴訟と、なかなか動きがよくない代理人が相手方の場合と両方ですね。

岡口　その話の前提として、民事訴訟は**相対的真実**であるということがありますよね。刑事は絶対的真実を追求しなければならないですけど、民事は自白しちゃえば、嘘でも本当になってしまうんですね。だから、変に裁判所が介入するのは不公平だと思っているんです。私のように相対的真実でいいと思っている人間は、絶対的真実を追求しようとはあまり思わないということです。

中村　弁護士は基本的にそう考えますね。

岡口　お金を払って弁護士をつけているんですから、そうじゃない人に裁判所がすごく肩入れして勝たせるようなことをする、それは不公平だからしない。結果的に真実が明らかにならなくても、「民事訴訟は相対的真実だから」と私は割と割り切っているほうです。

中村　その場合、例えば高裁に移ったら、ちょっとシャープな代理人がついて結論がひっくり返る、ということは気になりませんか?

岡口　それはしようがないと思いますよね。原審の記録だけ見ると、こういう判決になるというのは、高裁の人はわかってくれますから。

ちなみに、刑事の裁判官がときどき民事をすることがあるんですよ。刑事の人は絶対的真実をちゃんと調べようという癖がついているので、すごく細かいところまで釈明したり、主張立証責任が足りていないところは全部補充させたりとかやりがちですね。刑事ばかり担当してきた裁判官が、支部勤務となって、一時的に民事を担当する場合などです。そういう方々が行う訴訟はとても長いですね。補充尋問もすごく多いし。本当に真実を知りたいんですよね。そういうスタイルの裁判官は、代理人にはあまり歓迎されないんですかね。

中村 どうなんでしょうね。でも、代理人って、有利・不利で考えるから、裁判所には黙っている事情とかも結構あったりするんですよ。その事情が判明してしまえば「負けてもしゃあないかな」と思っている事案もあります。まあ、これは裁判官とか相手方から言われたらしゃあないという話ではあるけれども、それでも自分からはなかなか言わないですよね。

岡口 ただ、民事訴訟でも、刑事事件的なものってありますよね。例えば、交通事故で甚大な被害を受けた人が本人訴訟している場合、本来であれば、すぐにでも被害回復をしなければならないのに、本人訴訟なのでうまくできないのをいいことに、相手方は知らんぷりしている。そういう正義に反するような場合は、さすがの私でも、「これぐらいは出したほうがいいんじゃないですか」と相手方に証拠提出を促したりしますよ。

中村 それは、本来、原告に立証責任があることについて、被告にその証拠提出とか、事実を明らかにするよう……。

岡口 実情がわかるような陳述書を出してくださいとかね。

中村 そのレベルであれば、別に被告のほうも拒否したりはしない?

岡口 まあ、そうですね。

中村 仮に拒否したら、そのことに対する事実上のペナルティーってあるんですか。

岡口 いや、ないし、しようがないですよね。あえて言えば、そのことが弁論の全趣旨として、事実認定において不利に考慮されるということくらいですかね。

証拠調べにより証明すべき事実の確認

中村　争点及び証拠の整理手続では、裁判所はその後の証拠調べにより証明すべき事実を当事者との間で確認するものとされている（民事訴訟法165条第1項、170条第5項）。これはあまり厳格にされていないんちゃうかな、というのが私の印象なんです。例えば、証拠調べに入るときに、「じゃあ、証拠調べは、この点に限って聞きましょうね」とか確認されるケースってあるんですかね。

岡口　これは、特に単独事件ではやっていないと思います。弁論に戻したときに、最初に、「弁論準備手続の結果陳述をしてください」と一言言って、みなさん「はい」とか言って、それで終わり。

中村　そう。若いころ、「あれは何の意味があるんかな」とよく思ったんですけどね。いや、自分ではまだまだ若いつもりですが。結果陳述で形式的にそれを満たしているだけなんですね。

岡口　弁論準備手続が終わったら当事者の主張は整理されているわけですから、主張整理表を作って、争点が何であるかをきちんとまとめて、それを書面にして、弁論準備手続期日調書に添付するのがベストなんですよ。弁論に戻ったら、まず最初に、「弁論準備手続の結果は、この書面のとおりです。それで争点はこれです」とはっきりさせた上で尋問に入る。これがあるべき姿なんですよね。最初は基本形を教えなければならないので、初任の裁判官が左陪席のときは、ここまできちんとやっています。

中村　実際に証拠調べの手続に入ったとき、果たしてこの「争点及び証拠の整理の結果」が活かされているのかが気になるんですよ。尋問期日にも「争点整理で確認した争点から外れるから、その質問は外しましょう」とはならないわけじゃないですか。

岡口　ならないですね。

中村　それは結局、当事者の方でもあまり「争点及び証拠の整理の結果」を意識していない部分が大きいんじゃないかなと思うんですよ。尋問では、あまり杓子定規に質問する範囲を限定するんじゃなくて、ある程度緩やかに、出てきた事情は流れに沿って聞いていくという感じになりがちですよね。それで尋問が冗長になったり、無駄なやりとりに時間が費やされたりということもあると感じています。

岡口　それでも、争点を整理していれば、要証事実が何であるかが正確にわかっていますから、効果的な尋問ができると思いますよ。

「適時提出主義」の「適時」とはいかに

中村　証拠提出の時期について。いろんな懇談会でも、裁判所と弁護士との認識に結構開きがあるんですけど。まず、証拠提出が遅いことによって、評価にどのような影響が生じるかについて、お考えをお聞かせいただけるとありがたいです。

岡口　裁判官は、とにかく早く出してもらったほうがいいに決まっています。早く真実を知りたいわけです。まさにベストエビデンスを訴状に書いて、ファーストインプレッションを狙うのが一番いいに決まっている。それで心証はほぼ固まっちゃうわけですから。だから、ベストエビデンスを遅く出すのはまったく理由がわからないですね。何で遅くなったんだろうと思っちゃう。遅く出している証拠は、弱いからなのかなとか、いろいろ考えちゃうので。だから、これは隠し玉だとか、遅くなった理由がはっきりわかればいいです。

中村　「動かぬ証拠」だからなかなか持ってこられなかった、っていうのではダメですかね？

岡口　途中で証拠を作る人がいますからね。「あっ、こんなのがありました」と、平成24年の領収書とか、「えっ、これは、どう見ても今作ったでしょう」という新しい証拠を、急に出してくるんですよ。そういう経験を何回かしちゃうと、遅い証拠というのは途中で作ったのかなと思ったりもするので。だから、裁判所は多分、何で遅く出すのという感じなんじゃないですか。

中村　途中で作った。

岡口　証拠を作る人がいますよ。どんどん出てくるんですよ。

中村　実務書だと、「証拠提出の時期が遅いと、あらぬ疑念を裁判所に抱かせるから気をつけろ」みたいなことも書いてあったりしますね。確かに、そういう不自然な出方をする証拠はありますね。それで、よく見ていったら矛盾があったりとか。以前、出てきた証拠が履歴書か何かで、調べてみたら、その書式は当時に売っていなかったということがあったたって話は聞いたことがあります。結構おもしろいなと。弁護士としては、相手が嘘ばっかりついているとわかると、できるだけぼろを出させてから、それをたたくための証拠を出したい。ということで、そういう事案ではなかなか初期の段階では出しにくいという意見が多いんですよね。それは、ある程度しようがないのかなという気もするんです。裁判官一般として、遅く出た証拠はどんどん弱くなっていくという見方なんですね。

岡口　まあ、遅くなっても理由があればいいんですけどね。理由が納得できれば全然問題ないです。

中村　例えば、私が証拠を出されたほうで結構痛かったのは、尋問が終わってから録音反訳文が音声と一緒に出てきて、「依頼者の言うていることがちゃうやないか」ということがありました。一応、作成時期自体はそんなに動かせないじゃないですか。この場合は証拠能力は、そんなに問題はないという話なんですね。

岡口　弾劾証拠であれば仕方ないですけどね。弾劾証拠でなければ、尋問が終わった後なんだから、時機後れじゃないですか。

中村　でも、採用されちゃったんです。時機に後れたということで却下するというのは、私はあまり経験したことがないんですけど、普通の裁判官はすぱっと却下するものですか？

岡口　弁論準備手続で争点を整理して、客観証拠は全部出させてという運用をしている裁判官は、そのあたりもきちんとしますよね。「これで全部です、争点も整理しました、あとは尋問が残っているだけですね」と、きちんと確認して、きちきちやっている裁判官は、時機後れもきっちり却下してくれるんですね。そこがなあなあになっていると、却下しにくいので、そのまま採用したりもします。ただ、原審が却下しても高裁が採用したりしますからね。

中村　そうなんですよ。それがどうしても浮かんじゃうから、ここであまり言っても仕方ないのかなとは思ったりすることはあるんですけどね。

「双方、もうよろしいですね？」

（これ以上は出しても多分結論は変わらんで）

「まあ、こういった請求の当否は、先生方も重々、ご承知のところと思いますので…」

（当然、判決になったら認められへんで）

「いろんな見え方のするなかなか難しい事件ですね。」

（どっちでも書けるんやから、和解検討した方がええと思うで）

「えっとそれじゃ、まず原告からお話聞きますね。被告はしばらく待合の方で。」

（すまんな、判決やと請求棄却やから原告から説得するで）

03

尋問

手応えに結果が伴わない？　リハーサルってどのくらいするものなの？　ベテランでも意外とつかめていない、尋問のコツを本章で探っていきましょう。

☑ 陳述書には何を記載するべきか

中村　陳述書には基本的にどういうことを書くべきか。これは弁護士によっても意見が結構食い違うんですけど、岡口さんはどういう陳述書であるべきだと思われますか。

岡口　私は、陳述書は単なる尋問のためのツールでしかなく、特に**当事者の陳述書なんてまったく証拠価値はない**と思っています。だから、尋問ではしょりたいところを書いておいて、そこは訊問しないためのツールでしかないと思っている。

中村　尋問する事項、尋問で答えさせる事項も、陳述書には書いておいたほうがいいですか？

岡口　そこはざっとでいいんじゃないですか。

中村　尋問の場でそこを掘り下げていく、というのが使い方としては正しいということ？

岡口　自分はそう思っています。

中村　なるほど。昔、誰かに聞いた話でよく覚えているんですが、尋問でその人が質問して依頼人が答えていたら、相手方代理人から「そんな内容、陳述書にはちっとも書いてないじゃないか」っていう強い異議が出たって言うんですね。当時は、私は肝心要の部分は陳述書に書かずに尋問で光を当てるのが正しいと思っていたので、変なことを言う先生もいるなと思ったんですよ。

ただ、陳述書には証拠開示機能がありますから、やっぱり一通りのことは書いておかないと不意打ちになるし、尋問での答えもとってつけた感が出てしまうかなと今は思うんです。

この点、裁判所はどういった認識ですか？

岡口　代理人としては反対尋問の準備があるからそうなんですかね。ただ、私はあまり気にしていないんですけど。

中村　陳述書にも書いていなくて、そこまでの主張でも一切出てきていないエピソードが尋問でぱっと出てきたときは、どういう受け止め方をされるんですかね。

岡口　たしかに、陳述書に記載のない事実が初めて尋問で現れると、少なからぬ裁判官が違和感をもち、また、その信用性に疑問を呈すると物の本には書かれています。

中村　私は以前「それまで全然出てきていなかったことが尋問で出てきたので、おかしい」ということで、判決で切られたことがあったんですけれども。そういうふうな見方をされる裁判官もおられるということなんですね。

岡口　そうなんですか。

中村　多重追突事故の事故状況に関するところで、挟まれた運転席の中から自分でも電話で救急要請をしたと反対尋問で出てきて。それは一切、打ち合わせでも出てこなかったし、陳述書にも書いていなかったんですよね。

結果的には、尋問の場で嘘をついているというふうにとらえられちゃった。それまで出てきていないのは、やっぱり経緯として不自然だからみたいな感じで。

岡口　確かにそのパターンだと、そう思うかもしれませんね。

中村　あと、反対尋問を経ていない、要は人証として採用されないという場合の陳述書の証拠価値は、相当程度低いと考えてもいいんですかね。

岡口　当事者の陳述書はほとんど価値がないと思いますけど。要は準備書面と同じですよね。

中村　中立的な第三者から陳述書が出てきているけれども、相手方が、その者の人証申請をしないということであれば……。

岡口　その陳述書の作成者の反対尋問をしなかった理由にもよるのかもしれませんね。相手方が特に反対尋問を求めなかったというのであれば、裁判所は、そのことも弁論の全趣旨として考慮して、その陳述書を認定に用いることもありますが、もし、作成者が死亡しているため反対尋問ができなかったというのであれば、その陳述書を認定に用いるのはちゅうちょしますよね。

「尋問バッチリだったのにこの判決?」という疑問が生じるワケ

中村　裁判官から代理人に対して、こういう尋問がいいというご意見があればお聞きしたいです。

岡口　これは事実認定の仕方にもつながる話ですね。裁判官がどのように事実認定をしているかというと、この人はこういう動機があるからこうしたんだろうと、どちらかというと**動機を中心に考える**んですね。

中村　なるほど動機の有無が事実主張の自然さ、不自然さに繋がるわけですね。

岡口　ただ、動機があっても、動機に従って動かない人もいるんですよ。それは能力的に動けない人とか、動機はあるけど、そこまでやる気が上がらないとかモチベーション的な面もあるんですね。

あるいは、動機はあるけど、やった結果があまりにも飛躍していて、動機に見合わないとか。といった具合に、まずは動機を中心に見て、次に、同じ動機をもっていても、やるかやらないかは人によって違うので、どういう人間なのかみたいなところを見るんですよね。どこに住んでいるか、兄弟は何人か、どこの会社にいるかとか。割と周辺情報を見ています。

中村　ただ形式的に、問いとそれに対する答え方や答えの内容だけを見ているわけじゃないってことですね。

岡口　裁判官は、動機を中心として話を聞いているので、そういう組立ての尋問であれば、裁判官の頭の中に入っていきやすいんです。逆に、いきなり核心的なところを言わせよう、言わせようとしている尋問だと、周辺事情があまり出てこないんですよね。

中村　そこはもしかしたら、代理人の意識と裁判所の視点にズレがある部分かもしれません。

岡口　伏線を引いていって、肝心なところをバンと言わせるスタイルの尋問は、裁判官にとっては予想された展開なので、そのやりとり自体よりも、その中で新たな周辺事情に関する情報が出てくることを期待しながら聞いています。

あるいは尋問をしているときの本人の態度とか実際の顔を見て、「こういう人なんだ」というところも見ています。「ああ、この人は、この動機があったら動くタイプの人だな」みたいな。

中村　今そこにある状態は何かしらの原因や動機、そうなるだけの具体的理由があった結果だということは、この仕事をしていて強く意識するようになりましたね。

岡口　そういうふうに意識して尋問してくれると、裁判官の頭にすとんと入ってきやすい。動機があったか、その動機に従って動いたと考えておかしくないか、その2点を、新しく現れた周辺事情にも照らして、絶えず点検しているわけです。

中村　周辺情報は、別に陳述書に書かなくても、尋問の場で出ればいいと。

岡口　基本的な周辺情報は、陳述書に書いてほしいですけどね。陳述書に書いていない、動機や人間性に関わる周辺情報が尋問でポロッと出てくると、それは、まさに、作為が介入していない生の情報として、裁判官の心証に決定的に影響することがあります。

中村　とすると、そういう情報をポロッと出させるのが効果的な尋問ということですね。

逆に言えば、主尋問の準備をしていて、本人の様子や周辺事情で、「ちょっとこれは違和感が大きいな」とか感じるようだと、代理人の立場ではなかなか難しい尋問になっちゃうんですよね。

岡口　そういう場合は、主尋問ではオーソドックスに無難な尋問に終始して、反対尋問では、危ない情報がポロッと出そうになったら、すぐに異議を出したりして防御するしかないんでしょうね。

補充尋問についての考え方

中村　そういった周辺事情なんかは、補充尋問で結構聞かれたりします？

岡口　いや、しないです。

中村　それは自然に出てくるかどうかに任せるということですね。

岡口　私は、釈明を超えた補充尋問というのは不公平だと思っているので、やらないんです。

中村　そうか。立証する側としては、それをどれだけ出せるかなんでしょうね。

岡口　ええ。核心をすばり言わせるのはもちろん大事なのですが、それを醸し出す背景をじわじわと見せるほうが、裁判官は納得しやすい。

中村　となると、核心的な部分自体が主尋問でガタ崩れするなんていうのは、そもそも論外ということになりますか?

岡口　それはそもそもダメですけど、普通、そこはちゃんとクリアしてくるんですよ。その上で信用できるかどうか、なんですね。そもそものところが崩れちゃうと全然話にならないいんですよ。

中村　今までのは、主に主尋問の話やと思うんですけど、反対尋問で、よい尋問、悪い尋問というのはどんなのがありますかね。

岡口　それも裏返しだと思うんですよね。「確かに動機はあるんだけど、こういうタイプだから動かないいんですよ」という。そうならなかった裏事情というか、「一般の人はこういう動機があればこう動くんだけど、この人は能力的にちょっとそういうのはできない人なんだ」とかいう具合です。

この人なら確かにやらなくても不自然さはないなと、そういうのって何か醸し出されるものなんですよね。

その意味で、核心部分を崩しつつ、裏事情も引き出すという、両面から攻めてくれると、すとんと落ちるんですよ。核心部分だけだと、やった、やらないの水掛け論で終わってしまう。

中村　周辺情報とか背景事情は、判決の文面で具体的に表れることってあまりないいんじゃないですか?

岡口　なるべく書くようにしていますし、あるいは、醸し出すようにしていますが、書けないこともありますよね。この人は能力が低いからとか、この人は犯罪性がかなり進んでいるからとか、そういうのだと、はっきりと書くわけにいかないですからね。

中村　これも協議会とかでよく出る意見ではあったんですけど、弁護士の主観としては「尋問はよくできた、反対尋問とかでも結構崩せた」と思っていたけど、判決にあまり影響していなかったと。これは、弁護士の見込み違いがあったんですかね。

岡口　そうですね。裁判官は、**メインストリートは、実はあまり見ていない**んですよ。ずばり言っちゃった証言は、出来過ぎなんです。

ただ、それを動機や人間性などで検証してもおかしくないとなったら、信用できます。むしろこの検証の段階のほうが重要で、そこでちゃんと押さえられるかどうかですよね。

尋問で変わる印象

中村　それまでに出ている主張、書面だとか証拠で、「尋問に入るまでに裁判官は、大体7割、8割ぐらいは心証が固まっている」とよく言われるんですけど、それは本当ですか。

岡口　そうですね。ただ、尋問で印象が変わることも少なくないですね。何で変わるかというと、じかに会って、お話を聞くから、人となりが見えてくるんですよね。

それで、陳述書で抱いていたイメージと大分変わるんですよ。尋問でバレバレの嘘を言ったりすると、途端に今まで積み重ねてきたのも全部ダメになっちゃう。

その人の人間性とか全部出ちゃうので、尋問って怖いですよ。むしろ裁判官は、そういうところを見ているんですね。なので、練習させておいたほうがいいかもしれません。

中村　そうですね。練習は絶対必要ですよね。私は修習中に裁判官から言われた「スーツをふだん着ていないような人がきっちり着てきたら、ちょっとうさんくさいと思いますね」というのが、すごい印象に残っているんですけど、そういうところはありますか?

岡口　自然体がいいですね、無理していない感じが。そこは信用性にかかわります。

中村　やっぱり尋問のときにも、つくり過ぎているなという印象はあまりよくないのかなと。

岡口　よくないですね。だから、**練習し過ぎもよくない**んですよ。

中村　すらすら出てき過ぎというのも……。

岡口　そうなんですね。これは言わされているなと思っちゃうので。

中村　それは、陳述書の内容にも同じことが言えません?

岡口　ええ。だから、陳述書の信用性はとても低いです。陳述書って、みんないいことしか書いてこないし。

中村　陳述書の内容が悪くて、証明度、信用性が下がることはあり得ます?

岡口　あるんでしょうけど、普通、陳述書はちゃんと書いてきていますよ。

中村　それも折り込んだ上で、陳述書の証明力は基本ゼロからという話なんですね。

岡口　ええ。

中村　そうですよね。でも、尋問でもときどき、「本当にこれは打ち合わせしてきているのか」と思うぐらい主尋問がうまくいかないことがありますよね。あれはよくないなあ……。

岡口　裁判官的には、そういう感じのほうがいろいろわかっていいですけどね。そういう供述は、まったく素でやっているというのがわかるので、逆に信用性が高いです。

中村　高次脳機能障害の方とかは、実際尋問で来てもらって話を聞くと、すごくよくわかることがあるという。「影響が出ているのは、やっぱり見たらわかるから」と、ある裁判官は言っていましたね。

逆に、被害者側、原告側としては、「尋問してほしくないな」「和解で落としたいな」というときがあるんですよ。実際会ってみたら、判断能力もそこまで低下していないんじゃないのと思われるケースもあります。そういうとき、やっぱりちょっと尋問は怖い。でも、その場合って、最終的にその視点がないと、代理人としては何で負けたのかわからないということになるから、なかなか難しいところですよね。

岡口　感覚とか直感で「この人は嘘をついているな」とわかっても、それはなかなか判決には表現できないですからね。

中村　でも、逆に言うと、感覚的なものは形に残らないので、高裁に行ったらリセットされちゃうんじゃないんですか？

岡口　それが高裁の裁判官の難しいところですよね。記録には現れていないけど、原審の裁判官は何か思うところがあったんだろうなと感じることもあります。

中村　判断する人のとらえ方や考え方次第でAにもBにも見えるっていう問題ってあるじゃないですか。

例えば、利益考量の際の重み付けや価値判断なんかで。そういう個々の裁判官のキャラクターに影響される割合が高い問題については、高裁はできるだけ原審の裁判官の判断を尊重しようとする傾向が強いと思うんですが、いかがでしょうか。

岡口　そうですね。高裁も全部調べ直せばいいんでしょうけど、それでは二度手間になってしまいますからね。

ただ、それだからこそ代理人としては、高裁の裁判官も尋問調書を読むことを意識して、原審の尋問の中で、動機とか人間性とかそういうものを醸し出す周辺事情についても聞いておくといいかもしれませんね。

☑ 証拠調べ期日前の準備

中村　裁判官は証拠調べ期日前にどういう準備をしているか、お教えいただきたいです。

岡口　理想を言えば、弁論準備手続で主張を整理して、主張整理表を作って争点を確認してと全部やった上で、前日に主張整理表と客観証拠を再確認して証拠調べに臨むということですかね。忙しいので、全ての事件でそれが実行できているわけではありませんが。

中村　たまに補充尋問とかもありますけど、それは主尋問、反対尋問を聞いてその場で考えているんですかね。事前に準備することは特にない？

岡口　私は釈明を超えた補充尋問はしませんから、当日の尋問の中でよくわからなかったことについて確認するだけです。ですから、事前に準備することはありません。

中村　代理人は、尋問前って、尋問事項書を作ったり、時系列でまとめたり、記録をもう1回見直したりとか、なかなか大変なんですけど。裁判所は、尋問に入ること自体には、労力的な負担はあまりないんですかね。

岡口　代理人のほうが、裁判官より準備はずっと大変だと思います。我々は基本的には聞いていればいいわけですからね。

中村　知り合いの書記官さんは、「尋問後に和解するくらいだったら、尋問前に和解しておいてよ」と言うんですね。代理人からすると、尋問を経ることによって和解しやすくなる事件ってあるんですけれど。それだけ、尋問に入るってことは書記官さんの負担が大きくなるってことなんでしょうね。

岡口　尋問時間中、拘束されますし、録音反訳の手配など書記官サイドでの事前準備はいろいろありますからね。尋問直後に和解すれば調書は作らなくて済みますけど。

中村　そうですよね。普通は調書が上がってきて、依頼人とお話ししてから和解に応じるかどうかという説得をするので、なかなかそうもいかないですけど。

☑ 介入尋問と補充尋問

中村　次に、介入尋問についてお伺いしたいのですが、恐らく岡口さんとしてはあまりしない？

岡口　しないですよね。

中村　代理人サイドでよく言われるのは、特に反対尋問とかで、せっかくいろいろ布石を打っていって追い込もうとしているところに、無神経な介入尋問が飛んできて、質問の意図に勘付かれちゃったみたいな話なんですけどね。

岡口　裁判官の中には、やたらと尋問を仕切りたがる人がいますよね。でも、私は放任なんですよ。任せています。

中村　そっちのほうが代理人としては、まあありがたいんだと思いますけどね。ただ、尋問の答えが曖昧なのに、そのままスルーされて行っちゃうと困るので、そこは突っ込んでほしいなあと。

　例えば、よくあるのは身振り手振りの「手はここまで上がります」「ああそこまでですか」なんてやりとりだと、調書に残っても文面じゃ全然わからない。そういうときは、裁判官から「『ここまで』『そこまで』ではなく具体的に言葉で表してください」と促したりは必要かなあと思いますけどね。裁判所が言わないときは自分で言いますが。これも裁判官によってキャラが結構違うということになりますよね。

岡口　ええ。

中村　口を出しやすい人もいると。

岡口　やたらと介入尋問をする人もいますよ。仕切りたがりかどうかという性格の問題でしょうかね。

中村　裁判官の質問に対して、一応当事者も異議を出そうと思ったら出せるんですよね。

岡口　出せますよ。それに対してその場で「却下する」と言われるだけですけれども。

中村　それは法律上、異議なんですかね？

岡口　異議ですよね。ただ、それはただちに却下されるだけの話。

中村　つまり、実際できるとしても、実務的にあまり意味はないということですよね。

岡口　ええ。要するに、訴訟指揮に対する異議ですよね。それはただちに却下できますけど。

中村　ですよね。それを出すのは代理人としてセンスがないとは思っていたんですけど、今まで自信がなかった。

じゃあ、代理人サイドとして、裁判官が望ましくない補充や介入をバンバン出すときの対抗策は特にないんですかね。

岡口　例えば、さっきの中村先生のたとえ話で言うと、「手がここまで上がる」と言われたら、「ここまでというのは、あなたの肩のあたりまでですか」とか具体的に質問して、介入させないようにする。

中村　なるほど。それは主尋問であれば質問の仕方で裁判所が信頼してくれていれば、あまり口は出されない、ということですね。

岡口 ええ。**裁判所が介入しなくて済むように、きちんと質問する**ということですよね。

中村 ただ、どうしても、ちょっと不利で、触れてほしくないところが出てきて、そこはスルーしたいのに裁判所が訊いてくるという場合は、事実上どうしようもないんですね。

岡口 そうですね。

中村 訊く気になっちゃっている裁判所を止める方法はない。

岡口 ええ。せっかく崩したのに、裁判所に崩し返されるという。

中村 ときどき、書く判決の内容は決まっていて、その材料ばっかりとっているんちゃうかなと思う人もいますよね。結構あからさまな人もいて。明らかに判決文を書く材料のフレーズを拾うためだけに補充尋問をしているときとか、いたたまれない気持ちになってしまいますけどね。

岡口 それは公平の見地からも、かなり問題がありますね。

✓ 尋問の和解への影響は？

中村 尋問したほうが、和解ってまとまりやすいんですかね。

岡口 と先生方は言いますね。どうなんですか？

中村 「話も聞いてもらってへんのに何が和解や」と言う人は確かにいます、一般的に声が大きい依頼者は、「全然言いたいことも言えてないし、まだ何もわかってくれてへんやないか」とか言いますね。

本当は代理人としては、尋問まで行かずに和解できたほうが、労力的にもリスク的にも低く終わるんですけど、事案によっては話を聞いてもらってからでないということで、あえて「尋問が終わってから和解の話をしましょう」と言うたりしますけどね。

岡口　ええ、先生たちはそう仰いますよ。だから、ある意味、仕方なく尋問しているところもあるのでしょうね。そのほうがやっぱり納得感が得られるんですかね。

中村　まあ、一般的にはそうだと思いますね。ただ、内心、尋問まで行きたくない、尋問前に和解してしまいたいという事案もあります。尋問って、終わってしまったらあとは判決か和解かの選択肢だけになっちゃうわけで、それはそれで怖かったりするんですよね。あとからリカバリーってしにくいですから。できることといえばせいぜい、結果が変わるか変わらないかわからない最終準備書面を出すくらいで。

弾劾証拠を裁判官はどう見ているか

中村　弾劾証拠は、争点整理後でも尋問の後でも出せることになってるじゃないですか（民事訴訟規則102条）。つまり、弾劾証拠と普通の証拠とで、扱いは本来違うわけですよね。

一度、ある裁判官から「尋問が終わってから証拠として出されても、弾劾証拠でしかなくて、主張事実の立証には使えなくなってしまう。それはもったいないから、有力な証拠はできる限り早期に出しておいてほしい」と言われたことがあるんです。

これは弾劾証拠と普通の証拠とで扱いを明確に分ける考え方だと思うのですが、裁判官はみなさんそうなんですか？

岡口　そういう裁判官は、刑事寄りのスタンスで弾劾証拠をとらえてるんでしょうね。

中村　弾劾は弾劾としてという。

岡口　ええ。確かに理屈で言えば、弁論準備手続で争点整理をしますから、建前は争点整理までに客観証拠は全部出しておくということになっています。だから、その後に出たものは全部時機後れなんですね。

ただ、弾劾証拠としては出してもいいということになっている。だから、弾劾以外の目的で提出されると、それは時機後れじゃないかというのが一応セオリーではあるんですけど。ただ、あまり厳密にはやっていない。

中村　そうですよね。

岡口　民事は自由心証主義なので、証拠制限って厳密には考えていないんですよ。証拠能力の制限とかね。

中村　場合によっては、裁判所としては、弾劾証拠と言いながら、実質的証拠でもあるものが出てきたらむしろもう1回期日を延ばしてでも終結を遅らせるべきということになるんですかね。

岡口　本当に弾劾としての意味しかなければ、もうそれで終わっていいんですけど。ほかの意味ももってきちゃうと、今度は相手方がそれに対して反証しなきゃいけなくなりますから、もう1期日必要になっちゃう。

でも、大抵弾劾の意味しかないものしか出ませんけどね。ほかにすごく重要な意味をもっているような証拠がバンと出てくるようなことはまずないし、やはり、それは時機後れと言うべきですよね。

中村　尋問の場で「後出の」という形で出そうとしたときに、裁判所としては、相手方が特に問題なければ異論は述べないですか？

岡口　提出を拒否する根拠がないですよね。

中村　以前、反対尋問中で弾劾証拠を示そうとしたときに、裁判官から「これはなんで弾劾証拠になるのか」と指摘が入って、その場でいちいち説明させられたということがありました。結局、それを示して質問しましたが、証人に言い訳を考える時間が生まれたので、結局意味がなくなってしまったんですよね。それは後に尋問結果を評価する段階で考えたらいいことで、わざわざ尋問の流れを止めてまですることではないんじゃないかと思ったんですよ。

ただ、代理人は、弾劾としてしか使えないからと慢心していたらダメだということなんでしょうね。

岡口　うん。刑事寄りの考え方をする裁判官がいたら、証拠能力を制限したがるかもしれませんね。

中村　民事で証拠能力が制限されたケースというのは、経験されたことはありますか?

岡口　証拠を不正に取得したとか、盗聴したとかはありますけど。証拠能力制限があるのってそれぐらいですよね。

中村　盗聴。いわゆる秘密録音ですよね。法的には、どういう理由で証拠能力が制限されるんでしょう?

岡口　訴訟上の信義則違反ですよね。ときどき、盗聴しているのがあるんですよ。違法に収集した証拠。まさに違法収集証拠ですね。

中村　例えば、面談のときにこっそりICを回していて、それを証拠に使っちゃうとかは……。

岡口　それは、いろんな裁判例がありますけど。やっぱり違法の程度によるんですね。明らかに秘密録音でも、程度によっては結構認めているんです。民事訴訟では、証拠能力制限はないのが原則なので、さすがにこれはダメというのだけ排除している。

中村　なるほど。じゃあ、実際排除というか、証拠として採用しないものが影響してしまうことは事実上ないと思うんですけど、どうですか?

岡口　認定に使えないですからね。認定するとき、証拠を引かなきゃいけないから。それ抜きでも認定できれば、いいんでしょうけどね。

中村　そうなんですね。さっきも言われたブラックボックスみたいな、判決に表れないところで、右か左かの分かれ道に影響することというのは……。

先日ネットで買った尋問用リモコンがついに届いた。
これはなかなかのスグレモノだ。
いいえ
わかりません
はい
そうです
それって、私が答えないといけない質問なんですか？
¥2,288円(税込)
明日中にお届け
せやからね、結局、
その日銀行で…。
自分側証人や本人のまずい答えをその場で【停止】。
ピッ
一っいいですか？
その借入は誰と話して決め…。
嫌な介入尋問も【消音】ボタンで迎撃可能。
ピッ
証拠調べのときは「そんなリモコンがあればいいのになぁ」とよく思います。

岡口　それはあるんでしょうね。ただ、裁判官は意識的に判決に影響させないようにするんじゃないですか。後でそこを指摘されるのは嫌ですからね。

04

和解

「和解系」裁判官、語る語る。和解を勧める裁判官の思考から「7割」和解する奥義まで、惜しみなく披露していきます！

☑ 和解のメリット・デメリット

中村　裁判官から当事者あるいは代理人に対して、「和解はこういうメリットがありますよ」とか何か、メッセージがありましたら、お聞きしたいです。

岡口　**和解してください（笑）**

中村　（笑）

岡口　敗訴が見込まれる当事者にとってのメリットは、全負けするよりは和解で少しはもらったほうがいいということですよね。逆に勝訴が見込まれる当事者にとってのメリットは、確かに判決になれば勝てるんだけど、相手が上訴をして最高裁まで行くかもしれないから、和解で早期解決をしたほうがいい。上訴されなくても、判決の後には執行が待っていて、そこでまたすごくトラブるし、お金もかかる。だから、和解して、早期に支払ってもらったほうが回収も早い。さらに、判決になると、敗訴当事者は、裁判官の判断がおかしいなどと言って、なおも責任を認めないこともありますが、和解の場合、「支払義務を認める」という責任を認める条項を入れて、支払う約束をさせますから、任意に履行してくれる可能性も高まります。

中村　確かに一般的には、和解のほうが任意履行の可能性が高まるとは言われていますよね。人は自分で約束したことのほうが、指示されたことよりも守りやすいから。でも、代理人の立場としては、控訴されないというメリットは確かにあるんですけど、逆に、後で依頼人から文句が出たときに控訴できないというデメリットがどうしてもあります。だから、結構和解には慎重になってしまうんですよね。先ほど岡口さんは和解で落とすことが多いと仰っていましたが。

岡口　ええ。

中村　肌感覚として、割合的にどのぐらい？

岡口　私は7割ぐらい和解で落としています。

中村　すごいですね。

岡口　まぁ、もっとすごい先輩もいらっしゃるんですけどね。

県民性と和解のゆくえのカンケイ

中村　地域性によって和解がまとまりやすい、まとまりにくいと、よく言われるじゃないですか。それってあるんですかね。

岡口　あると言われてますよね。京都は難しいと聞いています。

中村　そう。京都・新潟・徳島・岡山とかは難しいと聞いたことがありますね。京都は、別に裁判所を偉いとも何とも思っていないからと修習したときに言われました。徳島も特に言われていましたけどね。遡ると、朝廷や幕府にあまり従順じゃなかったというのがあるんかもしれないですね。

「7割」和解を成立させる裁判官が語る

中村　和解が7割ってすごいですね。なにか秘訣でもあるんですか。

岡口　私は、和解の最初の期日では、事件の話を全然しないんです。依頼者と先生に入ってもらって、雑談をする。まず人間関係をつくるんですよ。先生とも仲良しになる。**先生とけんかしたら絶対ダメ**ですよ。

だから、まず最初は、依頼者と先生に入ってもらって、和やかに話します。依頼者に「この裁判官は私の味方だ」と思わせる雰囲気をつくって、1回目の期日はそれで終わるんです。

中村　原判決を見て、「当審の印象はこんな感じです」というのを最初に出すことはあまりされないんですか。

岡口　それはしないです。**和解はゲーム**なんだから。

中村　和解はゲーム。

岡口　裁判官の切り札は「あなたは負けます」の一言です。トランプをしているときに、最初のターンでいきなり切り札を切ったりはしませんよね。まず、切り札を使わずに勝つ方法を考えるんです。そして、どうしても切り札が必要だという場面で、いよいよ切り札を切るんです。人間関係をつくっておいて、いよいよというときに「そうは言っても、先生、判決だとこうなってしまうんですけどね」とポッと言うんです。

中村　高裁の場合は、一発結審した後の和解協議でそう言う感じですか?

岡口　そうなんです。だから、私は、判決言渡期日は結構先に入れるんですよ。2カ月を超えてはいけないので、大体2カ月後のちょっと手前ぐらいに判決言渡期日を入れて、それまでの間ずっと和解を続けるんです。高裁は、事実審の最終審ですから、「あなたは負けます」は完全な切り札であり、地裁よりも切りやすいんですけど、それでも最後まで切らない。それ以外の説得材料で攻めていくんです。

中村　具体的にはどういうところで?　判決になった見通しをチラつかせるとか、これで最後ですよなんて言っておどかすでもなく、どういう感じで和解の方向へ進めていくんですか。

岡口　最初は双方の要求を聞いて、「先生、そうはいってても相手はこう言っているので、それではまとまらないですよね」みたいに、双方の要求を調整している感じで進めていきます。

中村　腹の中では、例えば原判決維持とかが方向性としてはあったとしても、それも当事者には言わない？

岡口　言わないですね。合議もしているし、終結もしているから、もう結論は出ているんです。だけど、それは言わないで、ただ、「それぞれこういう要求が出ていますよ」「これだとちょっとまとまらないですよね」とか言う。

中村　そういうとき、一審判決で勝っている被控訴人代理人から、「それだったらもう判決をくださいよ」とか「これは実際変わるんですか？」という質問が来たら、どう対応されるんですか。

岡口　仮に原審が維持されたとしても、和解をすれば、こういういいことがありますよという和解のメリットについての話をする。だから、一応勝ち筋前提で話してはいるんですけど、結論は言っていない。

中村　勝つほうにも、和解で得られるメリットがあるということなんですね。

岡口　そうですね。

中村　なるほど。

岡口　そんな感じで、「依頼者を説得してくれませんかね」と代理人に頼むわけですよ。代理人を説得しているんじゃなくて、依頼者を説得してくださいねと頼んでいるわけで。頼むための人間関係をまずつくるんです。

中村 確かに、それは心理的にもむげに断りにくいと思います。

岡口 だから、代理人とけんかしちゃダメですね。代理人とけんかしたら、和解は絶対無理です。

中村 確かにそうですね。言われると、反発したくなりますもんね。聞いてみるともっともな話ですけど、それを皆さんができているかというと、そうでもないですね。

岡口 私の場合、ある程度得なんです。若い先生とか「あっ、岡口さんだ」と反応してくれる（笑）

中村 そうそう、それは絶対あると思います。

岡口 だから、「私が依頼者を説得してくださいよ」と頼めば、「わかりました」とか何か言ってくれる。それは若干得しているかもしれない。

中村 変な人じゃないというのがわかっているからじゃないですかね。**いや、変な人ではあるのかな**。でも岡口さんの仕事ぶりもわかっている人、多そうですしね。

岡口 逆に、代理人に信頼されていない裁判官は、和解もなかなかできないでしょうね。和解は代理人をいかに動かすかだからです。

中村 岡口さんは、逆に、「当事者を連れてきてください、私が話しますから」というのはあまり使われないですか。

岡口 最近、若い先生の側からそう言われることが多いです。「裁判官が言ってくださいよ」と言われれば、やります。そのときは依頼者を連れてきてもらって、人間関係の構築をまずやるんです。だから、最初に連れてきてもらった日は、ただ3人でしゃべっている。依頼者は、次第に「この裁判官は私の味方だ」と思い始めるので、次の期日あたりからやんわりと話に入っていく。「こういうデメリットがあるんです」「和解すればこんなにいいこともあるんです」という話をしていると、依頼者は、「裁判官もそう言っているし、そうなんだな」と思うようになります。代理人もちゃんとアシストしてくれるんです。

中村　私の場合は、裁判所から「連れてきてくださいよ」と言われたら絶対断らないようにしていますが、「代理人がストップをかけちゃって呼んでも連れてきてくれない」と困っている裁判官もいましたね。そうなると結局、どこまで依頼者に話が伝わっているかわからないですもんね。

岡口　それは多分、裁判官と代理人の信頼関係ができていないんですよね。

中村　なるほど、そうですか。

岡口　代理人を動かすって本当に大事ですね。例えば、労働事件では、労働組合側の圧倒的な信頼を得ていて、「この先生が言うなら仕方ない」というふうに場をうまくおさめられる先生っているんですよ。そういう先生は、間違いなく裁判官を見ています。裁判官が信頼できたら動くんですよ。「この裁判官のために私が一肌脱ごう」と思えば、組合側をしっかり説得してきてくれるんです。逆に、「この裁判官は使用者寄りだ」などと思われてしまうと、もう全然ダメですね。

中村　なるほど。代理人と裁判官の信頼関係が和解に資することもあると。となると、和解をまとめるにあたって、岡口さんの場合は、いわゆる心証開示をストレートに出すのとは反対になるんですかね。

岡口　まあそうですね。

中村　そのときに、例えば人間関係をつくるのもそうなんですけど、代理人の信頼を得るためには、ほかにどういう工夫とかノウハウがありますか？

岡口　**議論をふっかけられたときに、言い負けないこと**ですね。議論を求めてくる可能性のある代理人のときは、全部丁寧に答えるんです。そのときは、言い負けないために入念に準備して行かないとダメです。

中村　代理人でも当事者でも、そういうタイプの人はいますね。

岡口　そのタイプの人に「この原判決は、ここがおかしいでしょう」と言われても、ちゃんと言い返せるようにする。そうすると、その方は、「この裁判官はちゃんと記録を読んでいるな」と思うんですよね。「ちゃんと全部理解した上で、この裁判官は和解を勧めてくれている」と思うと、納得してくれるんです。

中村　代理人がそのタイプか否かは、第1回目の和解協議のときに把握するのでしょうか。

岡口　そうですね。私より期が上の先生だと、私のことを知らない方も多いですからね。

中村　なるほど。この話は、私の中ではかなり新鮮です。和解の話になると、「裁判所がもっと心証開示してほしい」と、代理人は言うことが結構多いので。今の話は本当に革新的で、裁判所の人にとっても新しく得るものがあるんじゃないかなと思うんですよね。

☑ 手元不如意の場合

中村　和解が一番難しいのはどんな場合ですか。

岡口　負けるほうにお金がまったくない場合ですかね。そういう人は一番強いですよ。強制執行される財産もないから、判決されても全然怖くない。判決をどうぞと言う。でも、私は、そういう場合でも、なんとか和解をしていますけどね。

中村　どうやって和解しているんですか?

岡口　お金がない人は、「分割払いで月2万円であれば払います」などと、債権者が絶対に納得しそうにないことを言うわけです。その金額を月5万くらいにまで上げさせても、まだ、債権者は全然納得していないですね。「月5万円なんてふざけている」と怒り出す始末です。そこで、まず債務者に対し、「月5万円分割にして、2回怠ったら、そのときは全部支払うことにしましょう」と、いわゆる期限の利益喪失条項をつけることを承諾させます。債務者は、債務の総額について、例えば1000万円を800万円に減らしてほしいなどとも言い出すのですが、総額では譲歩しない。「こんなに細かい分割なんだから、そこまで譲歩するのは無理でしょう」という話をして、「総額は譲歩しないで全部払うことにしましょう」と。総額はマックスで、分割は2回怠りで期限の利益を失うということにすると、債務者側は「それでオーケーです」と、大体のみます。普通、和解は総額を減らすものなんですけど、総額維持なんです。したがってこれは、実は債務者の全負けなんですよ。だけど、のむんです。その説得の仕方は、「こんなに細かな分割は普通あり得ないんだから、しょうがないでしょう」と言うと、「わかりました」となるんですね。

一方、債権者は、それでも「分割金額がそんなに少ないんじゃ和解は無理です」と言うから、「でもね、先生。2回怠ったら請求額の全額の債務名義がとれるんです。控訴、上告を経て判決が確定するよりも早く債務名義がとれるんです。しかも、この方は、お金がないからすぐに2回怠りますよ」と。そうしたら、「ああ、そうですね」とか言ってね、納得してくれますよ。

中村　実質、判決と変わらないじゃないですか。

岡口　確定判決よりも早く債務名義がとれます。それに、回収の可能性もないわけではありません。とりあえず1回目ぐらいは払ったりするので、「そうやって払わせる習慣をつけさせるのが大事だ」という説得をしたりもします。私は、養育費の調停でも、成立するときには、お父さんに、「1回目の支払期日はいつですか」と確認するんです。「何月何日です」と言わせるんですね。そうしたら大体1回目は払う。そして、1回支払いを経験すると、次も支払う可能性が高くなる。「月5万円でも1回目を支払わせるのがすごい重要なんです。習慣化しますからね。だから、払わせること自体がすごく大事なんですよ」とか言っていると、「そうですね」という話になってきますね。

依頼者も、とりあえずそれでやってみて、支払いがされれば一応少しずつ回収できるのでね。「判決はただの紙切れで、執行できないわけですから、まったくゼロなんですよ。他方、この和解であれば、少しずつでも回収できるし、期限の利益を失えば全部債務名義がとれるし、一応両にらみでいけるんだから、和解のほうが全然いいですよ」とか言っていると、何か和解できちゃうんです。

中村 あまり誰も損をしていないですもんね。

岡口 そうなんです。

✓ やっぱり和解してください

中村 和解のことで、最後に言っておきたい、伝えたいことはないですか（ダメダメな主尋問みたいだな……）。

岡口 そうですね。**和解してください（笑）**

中村 裁判官としては、「和解のほうがいい」というのは共通認識としてあるんですね。

岡口 判決は書くのが大変ですから。できたら書きたくないんですよ。裁判官だけでなく裁判所書記官も大変です。判決書の内容のチェックをしたり、上訴されたら記録を上訴審に送る準備もとても大変です。

中村 でも、一審の和解と控訴審の和解と、さっき言ったように大分違ってくるんですよね。

岡口 ええ。一審では、当事者はそう簡単に納得しないですよ。まだ控訴審がありますからね。

中村 控訴審の判決って、一審判決よりは負担が軽いということはないんですか。

代理人ってね、本心では和解したいけど事件の性格や相手方の手前言い出しづらくて裁判所に水を向けて欲しいときもあったりするんですよ。
なるほど興味深いね。続けて？
で、相手方に知られずに裁判所に和解意思を伝えるボタンを代理人席に設置するわけですよ。
この下に和解希望ボタンがあります。(早期希望の場合は連打)
ウチは最高裁まで行ったかてええんやで!?
バーン!!
カチカチカチ
表面上争いつつ、こっそり裁判所には和解したいというメッセージを送るわけ。
なんなら再審までやってもええんや!!
ボタンを押したら、裁判官席でだけ双方の和解意思が表示されるって寸法です。
被告
原告
ウフッ

岡口　原判決がどれもパーフェクトに書かれていれば、控訴審はとても楽なのですが、残念ながらそうではありません。一から書き直さなければならないようなこともあり、そういう場合は特に和解で終わらせたいですね。

05 審理の終結

弁論が終結して判決までのあいだ、裁判官はどんなことを考えているでしょう。最終心証の形成や判決までのスケジュール、最終準備書面の効果までお話していただきます。

終わった終わった〜。
あれっ? 名判事殿、飲みに行かないんすか?
今から判決書かんとあかんのやわかってて聞くなや。

弁論の終結〜判決までの裁判官のお仕事

中村　弁論終結後、判決までの間、裁判官は具体的にどのような仕事をしているのかお聞きしたいです。例えば、どう証拠とか主張を見直すのか、そこで考えが変わったりするのかとか。

岡口　判決を書くときは、もう一度、証拠や主張を見返すわけですよね。もちろん、以前に何度か読んでいるし、特に尋問の前は念入りに読んでいるんですけど、目を皿のようにして読んでいるわけではない。**判決を書く段階で、目を皿のようにして一つひとつ証拠全部を見る**ので、そこで「あっ」ということがやっぱり出てくる。

中村 なるほど。代理人が尋問後に最終準備書面を書くときと似たような感じですね。

岡口 それで、自分の中のイメージががらっと変わってしまったりすると、筋立て自体が変わっちゃうから、そういうことがないようにするのが理想なんですけど。どうしても、これはおかしいなというときは、弁論を再開して、「これは自分の見立てが違っていて、こういう感じの事件じゃないですか」と当事者に説明すべきですよね。

中村 「もう一度、会えない？」と（笑）

岡口 でも、裁判官は、恥ずかしがってそれをしないんですよ。弁論を再開するイコール自分がミスったのが表ざたになってしまうというふうに考えてしまうみたいで。でも、新しいイメージのほうが間違っている可能性もありますから、弁論終結後に「**自分はこういうふうに思っちゃった**んですけど、どうですか」と当事者に投げかけて、新しいイメージが間違っていないか検証したほうがいいんじゃないかなと思っています。

中村 和解の前にも、例えば尋問の結果であるとか主張とか証拠は、ざっと見直すんですか？

岡口 そうです。

中村 和解が終わって、いざ判決というときには、やはりもう一度ちゃんと見直すんですかね。

岡口 ええ。裁判官は、手持ちの事件が多いので、一件一件見ていられないのは確かなんですよね。全部の事件が判決になったら、多分パンクしちゃう。ただ、判決になったものは、きちんと書かないと。だから、一つひとつの証拠をちゃんと見るんです。

最終心証ができるまで

中村　例えば、和解協議の段階で、ある程度判決の骨子を作っておいたりは、皆さん忙しいから普通はあまりされないんですかね。

岡口　和解が証拠調べの前か後かで、かなり違いますね。証拠調べをする前は、まだ最終心証は出ていないし調べていないので、わからないという前提でお話をしますというスタイルで和解をしますよね。暫定的な心証で和解を進めますから、記録をしっかり読み込んでいるというわけでもないんですね。

他方で、尋問が終わった後の和解は、最終心証がとれている前提になっているので、ここで和解をするには、記録をきちんと読まないといけない。ただ、もう割と勝敗が見えちゃっているときは、そんなにはきちんと読まないで和解することもあるんですけど。

中村　そういうときって、裁判所だけじゃなくて両当事者にも結果が見えてることも多いですよね。そういうときは、すんなり和解で終わることも多いと思います。

岡口　勝敗が微妙な事件を和解で落としたければ、判決を書くときと同じぐらい記録を読んで、何を言われても言い負かすぐらいにしてから和解に臨まないといけない。なので、**和解成立率の高い裁判官は、実は記録をきちんと読んでいる**んですよ。

中村　なるほど。あと、和解で進めていた内容と判決の内容が違い過ぎるとよくないと考えておられる裁判官は多いと思うんですけど、一般的にはそうなんですか。

岡口 私はよくないと思っています。弁護士任官の裁判官も、それは絶対しませんね。「そんなことをされちゃったら代理人が依頼者に説明できないので、絶対それはしない」と仰っていました。一方で、もともと裁判官の人は、あまりそういうのを気にしない人もいるんじゃないですかね。

中村 岡口さんとしても、例えば和解がもうダメになって、いざ判決前にもう一度精査したところ、ちょっと判断が変わりそうなときというのは、まれにあるということですかね。

岡口 そうですね。証拠の片隅にとんでもない事実が隠れていたりするんですよ。見なかったことにしてそのまま判決したくなりますけど、そういうわけにもいかないので、弁論を再開して、先生方と話をすることになりますね。

判決までのスケジュール感

中村 民訴法上でしたか、終結してから2カ月以内に判決しなさいという訓示規定（民事訴訟法251条第1項）がありますよね。判決期日の入れ方はどんな感じで決めるんですか？ 2カ月というのは、一応基準になるんですかね。

岡口 必ず2カ月以内にします。2カ月を過ぎてしまうと、当局に報告しなくてはならないんですね。だから、皆さん、報告しなくて済むように2カ月という期間は意識しています。

中村　ときどきですけど、裁判所から判決を延ばしますという連絡がありますよね。あれはどういうことが起こっているんですかね。

岡口　もうあっぷあっぷなんですよね。判決がたまっちゃっていて、順番に書いているんですけど、結局、間に合わなかったんでしょうね。

中村　なるほど。判決の形は、いつの時点でできているものなんですかね。やっぱり1日～2日前ぐらいなんですか。

岡口　単独事件で自転車操業になっていれば、そういうこともあるでしょうけど。ただ、書記官チェックを考えると、普通はやっぱり1週間前には完成している感じですね。

中村　じゃ、大体7週間で証拠の精査と起案を……。

岡口　そうですね。ただ、書記官のみなさんが言うには、裁判官って、「判決を書くので記録を貸してください」と言い出すまでに時間がかかるんですよね。「いざ記録を貸すと、すぐに書いてくる」と言うんです。だから、ほかの仕事がいっぱいあるので手がつけられなくて、1週間ぐらい前になると、「さすがにやらなきゃ」と記録を借りに行って、一気に書くという感じですかね。

今は、当事者が電磁データをくれるので、主張の整理は、当事者のデータを全部コピペして、その上で、争点だけ判断すればお気軽に判決が書けますので……。ただ、そうすべきではないというのは、先ほどお話したとおりなのですが。

中村　新様式で言えば……、争いのない事実から書いていくんですかね。

岡口　ええ。
中村　次に、争点ごとの双方当事者の主張を書いて、最後に裁判所の判断を書く。
岡口　そうですね。
中村　今って、私が実務で見る判決としては、ほぼ新様式判決ばかりだと思うんですけど、旧様式判決って使われているところはあるんですかね。
岡口　欠席判決の場合や、被告がほとんど反論しないような場合ですかね。これらの場合は、争点ごとの双方当事者の主張といっても、結局、原告の主張しかないので。旧様式で請求原因だけを摘示するほうが書きやすいこともあります。
中村　例えば上のほうから、判決を「この様式で書きなさい」とお達しがあるとかはないんですか？
岡口　それはないですね。そもそも、今の若い裁判官は、旧様式判決の書き方を十分に教わっていないので、書けないいんじゃないですかね。

部長の心証やいかに

中村　合議の場合も、一応2カ月で判決をする？
岡口　そうですね。
中村　合議の事件では、判決の言渡し期日の1週間前までには完成したものがないといけないとなると、当然左陪席が作った判決は部長とか右も見るわけですよね。そこで何かやりとりはあるんですかね。

岡口　右は自分の単独事件で大忙しなので、最後に斜め読みするぐらいなんですよね。でも今、右の力が落ちてはいないかという危機意識があるので、それで、右を育てる意味もあって、3人でちゃんとやりましょうという流れになっています。だから、今また、大分雰囲気が変わってきているんですけど。それでも、基本的に右はそんなに多くは期待されていないので、あまり責任感はないんです。

合議の場合は、とにかく左がきちきちやります。毎回、期日のたびに裁判長と、ああだ、こうだと心証についても意見交換して。

中村　それは合議の中で、「こういう方向で、判決を書きましょう」という明示的なやりとりとか確認は3人でしないんですか?

岡口　今は、「合議の充実」をやっているのでそういうのを意識的にやっていますが、以前は、左と裁判長だけで進めちゃうことが多かった。法廷から帰る廊下とかで「大体こんな感じですよね」みたいな感じで相談して、それに基づいて起案をする。

中村　「判決はこんなのを一応書いてみました」と上がって行って見せたときに、「何や、これは」みたいな話になることって、普通はあまりないということですか。

岡口　その意味で、ないんですよね。

中村　逆に、判決に至るまで、和解とか尋問前後の段階で、例えば、部長と左あるいは右と意見が相違して、議論するような場面はあったりするんですかね。

岡口　いや、意見が分かれる系は、もっと早い段階で意見が分かれていますね。そういうときは微妙な事件なので、尋問前に分かれていたりする。ただ、そこまできちんと記録を読んでいる右は、昔はそんなにはいませんでした。右は傍目八目《おかめはちもく》であるなどとみんな言っていて、傍から見ている右のほうが意外と問題点に気づいたりするんですね。部長と左は「木を見て森を見ず」、木に集中しちゃっているので。そういう意味で、右はあまりかかわらないほうがいいんだとか言う人もいる。

微妙な事件で意見が分かれたときは、尋問前に3人で合議して、ああだこうだ言って、尋問が終わってみて、やっぱりああだこうだとやっています。多くの事件はそこまで微妙ではないので、左と部長だけになっちゃうんですよね。

中村　微妙な事件だと、やっぱり左とか右は、部長の判断に大きく影響されてしまうところはあるんですかね。

岡口　左は、特に新任判事補は、上の考えに引っ張られることもそれはあるでしょうね。裁判官になったばっかりだし、やっぱり自信がないですもんね。

中村　左陪席と裁判長って、20期ぐらい差があったりしますよね。

岡口　そうなんですよ。

中村　ですよね、我々弁護士でも、一緒に事件を処理するとなったら似たようなことが起こりますね。法曹同士対等だとはいえ、経験もスキルも上の人にものを言うのは難しい場合もあります。単純に期の上下だけでこちらが折れるということはないですけど。これが相手方だったら言いたい放題言えるんですけどね（笑）

岡口 我々だって自信がないけど、左はもっと自信がないですよ。左は、なったばっかりで、何も知らないわけですからね。それで自信をもって何か言うってなかなか……。刑事はまだわかりやすいので言えるんですけど、民事とかだと、なったばっかりの人が自信をもって何か言おうというのは、難しいものがある。

中村 それがいいか悪いかは別として、自然な感じはしますね。

岡口 右の場合、一家言ある人とか自信がある人はいるにはいるんですけど、今そういう人がだんだん減ってきていて、おとなしくなってしまったと裁判所当局は非常に気にしています。

中村 「部長の右に出るものはいない」状態ですね。

岡口 昔は裁判官有志の活発な団体なんかもあったのですが、今は当局が管理するまでもなく、みんなおとなし過ぎるので、逆にどうしたらもっと元気になるんだろうという。

中村 むしろ右からもっと意見を出してほしいなという気持ちでいるんですか。

岡口 そうなんですよ。

中村 おとなしくなってきているのって、あまり奇抜な意見を言うと何か言われちゃうからというのはあるんですか。「俺は8％ホフマン係数で書く」とかはさすがにアレですもんね。

岡口 右は、できれば、あまりかかわりたくないんですよ。そんなことより、どんどん締切りが迫っている自分の単独事件をやらなきゃいけないので。合議のほうでいろいろ変な反論とかしちゃうと、深くかかわることになって、時間がとられてしまうから、それは嫌だなというイメージですかね。

中村 弁護士事務所も似たような感じはしますけどね。ボス弁とほかのイソ弁が難しいことを議論していて、自分が、「これはこうちゃうんかな」みたいな意見をもったとしても、何かが降ってきたら困るからあまり口は挟まない。

岡口 ちなみに、**「ほかの裁判官の単独事件には口を出さない」**というのは裁判官同士の暗黙のルールになっています。単独事件の裁判官が書記官と議論して、すごくおかしなことを言っているのが聞こえたとしても、それは裁判官の独立で、お互いに口を挟まないのがルールなんですよね。

中村 「こういう事案があるんだけど、どう思いますか」とか相談されることはないんですか？

岡口 それはあります。もちろん、相談してくれたら答えるけど、されない限り口を出さない。

中村 例えば、単独から途中で合議に変わることもあると思うんですけど。最初から合議にするときは、事件記録を一番最初に読むのは誰なんですかね。やっぱり左になる人ですか。

岡口 これもまた部とか裁判所によると思うんですけど、基本的には、民事訴訟事件は全件単独配点なんです。必ず合議にしなきゃいけない事件、行政事件とか医療過誤とか、そういうのは別なんですけど。それ以外は全部、右と裁判長に、単独で配点されるんですよね。その中から右と裁判長が、「これは大変なので合議にしてください」と持ち寄る感じです。それが言えない右がいて、難しい事件でも全部単独でやっちゃうとか、そういう時代もあったんですけど。今は合議の充実という話になっているので、むしろじゃんじゃん合議にしましょうという形になっていますね。

中村 左は、それを拒否する権利は多分ないのでしょうね。

岡口 **もちろんないです**。だから、今の左は本当に大変で。土日は出っ放しで、しかも、新任判事補として、基礎を教わる段階であるにもかかわらず、事件の主張の整理とか記録の精査とか応用をさせられているわけです。

中村 でも、単独配点のときに、例えば部長の係か右か左か、それは誰が決めるんですか。

岡口 それは機械的にやります。

中村 事件の性質を考えずに？

岡口 ええ。それが一番公平なので。

中村 裁判官各自のタスクとか予定を見ながら割り振っていくこともなく？

岡口 いや、もう順番に入れていきます。事件番号順に入れていって、その中に難しい事件が混ざっているわけですよね。

中村 （悪魔のルーレット……）

「合議の充実」の取組み

岡口 今、「合議の充実」と称して、合議事件を増やして、左陪席に先物取引の事件のような大きな事件をたくさん下請けさせて、メモを作らせたりとかしている。本当はもっと基本的な事件をやらせて、基礎をきちんと教えたほうがいいんですけど、そうではない方向に今なっていて。

中村　「合議の充実」って、私も用語としては裁判所の懇談会なんかで聞くんですけど、目的って何なんですかね。一度**「大人の事情で、この事件を合議で進めることになりました」**と言われたことがありましたが（笑）

岡口　昔の裁判所は、飲みニケーション文化で、ほとんど毎日飲み会があったぐらい。15年ぐらい前までは、それがごく普通だったんです。一般世間でもそうだったんですね。日本社会はとにかく飲み会だらけでした。

それが、ここ15年、本当になくなってしまって。だから今は、本当に裁判官は孤独なんですよ。裁判所ってもともと、「これはこうだ、ここはこうだ」と裁判長が左陪席に口伝で教育していたんです。事件を通して、基本的なことをしっかりと。毎日飲み会ですから、話す時間はいくらでもあったんです。それが今、一気になくなってしまっている。裁判官同士で話すこともあまりないんですよ。みんな飲まずに帰っちゃう。職場にいる間は、ひたすら起案する。とにかく限られた時間で仕事を終わらせなきゃいけないですから。だから、話す間もなく、みんな仕事をしている。あまりに急に裁判官同士が話さなくなってしまったので、話す機会をつくろうということで……。

中村　それで合議事件を。

岡口　ええ、合議事件を増やして、みんなで事件について、これまでは飲み会で話していたんですけど、執務時間中に話そうという話になって。あと、右陪席が弱いので、右も一緒に教育しようという意味もあるんですよね。合議事件は、基本的には、裁判長が左を教育するOJTなんですけど、右もそれに入ってもらう。だから、右の事件を合議でとって3人でやれば、右も一緒に教育できるんじゃないかということなんです。

☑ 裁判官同士のコミュニケーションの変容

中村　同じ部の裁判官同士の人間関係はなんとなくわかったのですが、ちなみに、ほかの部の裁判官とは、どんな感じなのでしょうか?

岡口　これも多分飲みニケーションがなくなってだと思うんですけど、例えばほかの部の陪席とか、顔を合わせても誰かわからないんです。だから、昼食会を年に3回開いたりして、一応同じ階の人たちの顔ぐらい知っておこうと。その昼食会は自発的には起こりようがないので、当局がセッティングしなきゃいけない。

中村　お弁当は持って来てますか、みたいなオフィシャルな感じで意思確認して。

岡口　ええ。今、そういう時代なんです。

中村　それは大規模庁、東京地裁とかでやっている?

岡口　ええ。実は裁判官って、基本的に自分の部の人間以外にはまったく会わないんですよ。

ほかの部に誰がいるかとか、名前は知っていても、顔はわからないんです。昔と違って飲みニケーションがなくなったので、ますますそうなっている。

中村 同じ裁判所でも、関連する事件が、1民と6民とか別々に係っていたりするじゃないですか。裁判官同士で、「あの事件が係っているそうやけど、どうなん」みたいな話のやりとりは、普通はないものですか。

岡口 **ここは答え方が非常に難しい**ですね。心証とかではなくて、例えば、次回期日とか判決言渡しの期日とかを聞くのは別に構わないと思いますけど。

中村 実際、別部の動きを知りたいときは、裁判官も当事者に「あれはどうなっていますか」と言って聞きますもんね。

岡口 まあそうですね。だから、基本的に、お互いに聞かないということです。それから、関連事件をどこかの部がまとめて処理するというときは、どこが取るかというので、結構もめることがあります。

中村 押しつけ合いになるとか。

岡口 そうなんですよね。ルールとしては「事件番号の若いほうが取る」ということになっているので、最終的に話がつかなければ、このルールに従いますけどね。

中村 なるほど、おもしろいな。ときどき、本当に素人目線で思うんですけど、例えば、原発とか選挙の一票の格差とか大きな事件の判決が、すごく近い期日で東京高裁と別の高裁で指定されたりするじゃないですか。あれって意図的なものがあったりするんですか？　偶然？

岡口　それは偶然です。お互いに情報交換したりはしないです。

中村　判決同士で意見や結論が違うことって結構ありますもんね。

岡口　ええ。意見や結論のすり合わせはさすがにしないです。

最終準備書面、コレを書いたら勝たせたる

中村　最終準備書面を書いたほうがいいのかな、どうなのかなと、よく弁護士は思うんです。あって助かる場合とか、こんなん要らんやろという場合もありますか。

岡口　裁判官は事務処理能力に秀でているので、主張をまとめるのは、別に自分でできる。だから、**主張をまとめる系の書面は本当はあまり要らない**んです。判決を書くときは、訴状から全部読み直しますから、結果的に同じ主張を2回読まされることになる。だったら別に、自分でまとめるから要らないという感じですよね。

中村　最終ですから、新しい主張が入ってはいけないんですね。だから、ほとんどの事案で、最終準備書面があってもなくても、そんな変わらないという話になってしまう。

岡口　そうなんです。だから、「もう終結しますか。尋問が終わったらただちに終結でいいですね」とか言って、終結してしまうんですね。

ただ、直接証拠がないなどで、結論をどちらにするか悩ましい事件は別です。こういう事件では、最終準備書面が効果的なこともあります。結論をどっちかにしなきゃいけないと裁

判官も決めかねているわけですよね。けど、どちらかに決めるとなると、多数の間接証拠同士の勝負なので、判決の中で反対の間接証拠を全部つぶしていかないといけないんです。実は、判決を書くのに一番時間がかかるのはそこなんです。判決書は、その形式的な部分はすぐに書き上がるのですが、**反対の間接証拠をつぶすところで延々と悩んで、2~3日かかっている。そこがすごく嫌で嫌で嫌で。**

中村　和解を推し進める裁判官の後ろにある景色が、今見えたような気がします。

岡口　反対証拠って結構強いものもあるんですけど、そういうのも、力技でなんとかつぶしていくしかないんですね。**採用するに足りないとか、これを認めるには足りないとか、国語力だけでつぶす人もいるんですけど、**それでは説得力がないし、「こんな理由ではねたの?」とみんなに思われてしまうと、その裁判官のプライドにかかわるんですよね。それはすごく嫌なんです。当事者、代理人に見られるのも嫌だし、もちろん高裁の裁判官に見られるのも嫌だしね。だから、「確かにこういう証拠はあります、しかし、こう考えると、これはダメです」と、反対証拠を説得力をもってつぶすのが裁判官の能力だとみんな思っているので、そこにものすごい時間がかかるんですよ。そして、強い反対証拠があればあるほど、それをつぶすのは本当に大変なことなんです。なので、最終準備書面に相手の反対証拠のつぶし方を全部書いてきてくれると、本当にありがたい。そうしたら、そっちを勝たせたくもなっちゃいますよ(笑)。だって、2~3日悩むところが全部書いてある。しかも、裁判官は記録しか読んでいないから、実はわからないこともあるんですよね。だから、記録に出てこない周辺事情も知っている代理人ならではの証拠の評価も書いてくれると、反対証拠を非常に説得的な理由で全部つぶせる。そういう最終準備書面は一番ありがたくて、そっちを勝たせたくもなります（笑）

中村　悩ましい事案ですね。

岡口　ええ。

中村　ときどき、「「もういいですね」と裁判官が言うときはありますけど、それはもう要らんでしょうという話なんでしょうね。

岡口　もう、そういうのは、最終準備書面なしに書けちゃうんですよね。

中村　「書かれますね」という言われ方をされるときもあるんですけど。そういうときは大体、「調書ができてから、どのぐらいの期間が必要ですか」とわざわざ聞かれる。それは、最終的に見方を聞いておきたいというのがあるんですかね。

岡口　ええ、まだ決めかねて悩んでいるんでしょうね。

中村　弁護士的には、反対尋問でやり込めたとか、主尋問を崩したとかだと、そこはもう一度書面で書いておきたくって、そこにばっかり注目しがちですけど。やっぱり多数の間接事実の一つひとつをつぶしていくというのが重要なんですかね。

岡口　ただし、裁判官の能力によっては、結論がはっきりしている事件でも、最終準備書面できっちり書いておいたほうがいい場合もあるかもしれない。

中村　確かにそれは不安要素としてあるんですよ。やっぱりこれは書いておかないと心配やな、

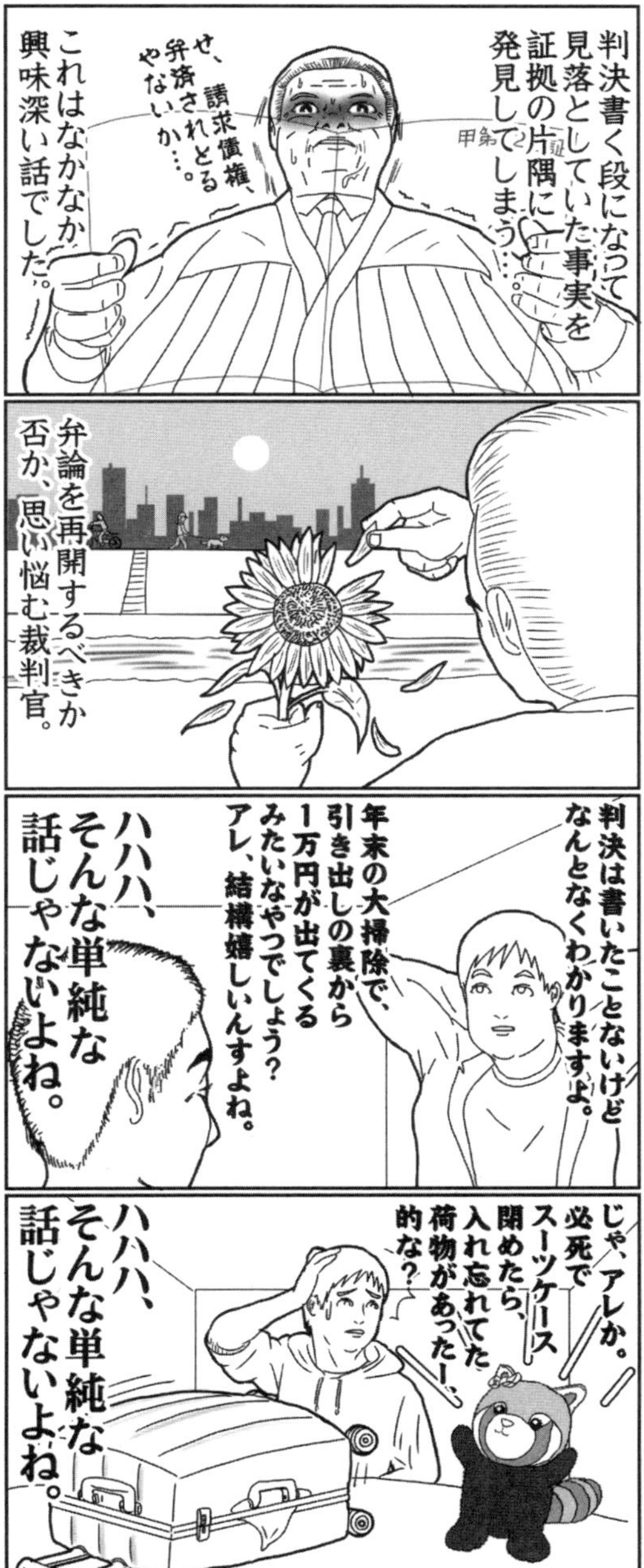
判決書く段になって見落としていた事実を証拠の片隅に発見してしまう……。

せ、請求債権、弁済されとるやないか……。

これはなかなか興味深い話でした。

弁論を再開するべきか否か、思い悩む裁判官。

判決は書いたことないけどなんとなくわかりますよ。

年末の大掃除で、引き出しの裏から1万円が出てくるみたいなやつでしょう？アレ、結構嬉しいんすよね。

ハハハ、そんな単純な話じゃないよね。

じゃ、アレか。必死でスーツケース閉めたら、入れ忘れてた荷物があったー、的な？

ハハハ、そんな単純な話じゃないよね。


尋問も集中して聞いてくれていた印象がない、とか……。

岡口　裁判官を見たほうがいいときもあるかもしれませんね。信頼できる裁判官かどうかと。

06

判決

和解協議は判決に影響する？
裁判官にとって判決は負担？
自らの判決と上級審への移審との関係はやはり気になる？
判決にまつわる、気になる裁判官の胸の内をどうぞ。

どうです？
和解、まとまりそう？
どうかな？
…え、無理なの？
おいおい、判決かよ。
参ったな。
正直ガッカリだよ。

☑ 上級審への移審は考慮するのか

中村 判決を書く際、上級審に移審した際の影響は裁判官として考慮することはありますか？

岡口 これは上でひっくり返されちゃうかもしれないな、ということですか。

中村 そうです。

岡口 それは、裁判官は全員考えます。私は、地裁にいたときは、高裁裁判官はこう書くだろうというのを考えながら書いていました。そうすると、ひっくり返されないです。

中村 言われてみればそれもそうですね。これが「最高裁の裁判官になったつもりで」だと「本件上告を棄却する」ばっかりになっちゃうので具合悪いですね。あ、続けてください。

岡口　例外的にそうしなかったこともあります。地裁だから書ける判決というのがあるんですよ。地裁はチャレンジングな判決ができるから、私はときどきやってました。例えば、高次脳機能障害ってありますよね。高次脳機能障害は、3要件が整わないと全部棄却なんです。

中村　高次脳機能障害の3要件というと、脳受傷を裏付ける頭部画像所見、一定期間の意識障害の存在、一定の異常な傾向の存在ですね。

岡口　そう。それが揃っていないと「あなたは病気ではないんだ」と言われてしまうんです。でも、本人の状況を調べてみると、どう見ても病気なんですよ。でなければ、ちゃんと仕事をして、楽しく生きているはずなのに、家にずっと寝たきりになっている。それなのに、「3要件が揃っていないからあなたは病気でない」と、裁判所に言われちゃうんですよ。医学が解明できていない病気は実際いろいろあって、その人たちは、事故に遭って病気になっているのですから被害者なんですよね。だから、みんな裁判を起こすんですよ。賠償を受ける正当な権利があるはずなんです。そういうとき、地裁であれば、チャレンジング精神で、「どう見ても、この人は病気でしょう」という強気の認定もしやすいんです。以前2100万円ぐらいで認容したら、高裁で900万円ぐらいで和解してくれたこともありました。

中村　その話を聞くと、脳脊髄液減少症による症状を日本第1号で認めた岡口さんの判決（福岡地裁行橋支部平成17年2月22日判決・判タ1233号148頁）が思い浮かぶわけですが、岡口さんとしてはこの判決もチャレンジングな気持ちをもって取り組まれた、と。

岡口　そうですよね。ただ、それは高裁でひっくり返されちゃいましたけどね。

中村　高裁レベルであれが認められたケースってあるんですかね。

岡口　いや、ないです（注・対談後の平成29年6月1日、名古屋高裁において脳脊髄液減少症による後遺障害残存が認められた判決〔自保ジャーナル1995号1頁〕が出ている）。ただ、厚労省が病気と認めて、昨年（注・平成28年）の4月からはブラッドパッチ療法に保険適用が開始されたんですよ。

中村　そうですね。保険の関係でも変わってきたとかという話があったので。

岡口　厚労省の扱いが変わってから、横浜地裁が認容したんですよ。だけど、やっぱり高裁のハードルは高くて、東京高裁がひっくり返しちゃった。

中村　判決を書くときって、世間への影響も無視できないじゃないですか。そのときって、損保業界とかが頭に浮かぶものなんですかね？

岡口　裁判官は裁判官村の人間なので、どっちかというと高裁でひっくり返されないようにしますよね。世間の評価よりも裁判官村の中での評価のほうが上で、そっちを意識します。

中村　チャレンジングな地裁判決を高裁がかたくなに認めないのは、何でなんですかね？

岡口　それは、やはり東京高裁というブランドを背負っていますからね。

中村　東京高等裁判所ですもんね。東京で、しかも高等ですもんね。

岡口　的外れなことを書いていたりしたらすごく恥ずかしいし、立場的にもまずいから、どうしても手堅いところに行ってしまう。それは、しょっている名前の大きさなんですよね。

中村 判決が出たら、学者の人やら何やら、いろいろ書きますもんね。そこも気にしますか?

岡口 法律雑誌などで、専門の学者に批判されることだけは避けたいですよね。

中村 脳脊髄液にしても、高次脳機能障害にしても、それを画期的に認める判決が出たら、それで損保業界の実務自体がすごく大きく変わってくるというのはありますよね。影響が大きいのかな……と予想はするんですけど、それは本来、結果としてあるべきであって、目の前の事実や因果関係から目を反らしてはいけないと思うんですよね。

和解協議が判決に影響!?

中村 和解の打ち切られ方とか、和解協議の中で当事者が述べたことが判決の内容に影響することは、実際はないですかね。

岡口 判決には理由を書かないといけないし、和解でこう言ったとは判決には書けないですからね。でも、和解の中で心証をとろうとする裁判官はいらっしゃると思いますよ。

中村 いますか。

岡口 それがないとは言えないですね。和解は、ざっくばらんにいろんな話ができるので、記録に出てきていない話とかもあるんです。和解でいろいろ話しているうちに、「こういう事件なんだな」という事件の筋がわかってきちゃって。

中村 弁護士としてよく思うのは、例えば、「どこまで譲歩できますか」という和解の条件を決める段階で、「大体このぐらいまでだったら」という心づもりを示すことがあると思うんです。それが、いざ、和解が打ち切られたときに、「このぐらいまでだったら内心オーケーと思っているんだから、判決で認めてもいいだろう」みたいな線引きに使われると、辛いなと思ったりすることがあるんですけど、そういうことはあるんですかね。

岡口　和解の線引き？

中村　はい。和解のとき、自分の側がどれぐらいの勝訴見込みをもっているかとか、敗訴のおそれを抱いているかというのは、ざっくばらんに出す場合が多いと思うんですけど。それが、最終的な判決の落ちつきどころを定めるときに、参考にされてしまうんじゃないかなと。裁判官の心の中に、オーケーラインを引いてしまっているのでは……という不安があります。

岡口　「あの先生は、あそこまではいいと言っていたから、まあいいのかな」と、慰謝料の額などを決めるのに悩むときに微妙に、あるいは無意識的に影響している可能性はありますね。もっとも、判決には金額の根拠を書かないといけないので、赤い本の基準に従っておいたほうが、後で批判されない。その意味で、「先生は和解のときこう言っていたから」という記録にない数字は、根拠を書けないからなかなか判決に使いにくいですね。だから、実際にはあまりないんですけど、まったくないかと言われると言い切れないというレベルですかね。

中村　腹の中の話ですもんね。

岡口　そういう心配を払拭するためには、「私は、和解ではそう言いましたけど、それは和解きりの話ですから」と釘を刺しておいたほうがいいかもしれない。和解の打ち切りのときに「判決となったら、それではとても承諾できないし、もしそうなれば多分控訴になると思いますよ」とか言っておけば、無意識的な領域でも大分影響がリセットされるかもしれませんね。

中村　つまり、裁判官としては、「判決を書く以上は、控訴されないものを書きたい」という思いは、どの事件でもあるわけですね。控訴されると何がダメなんですかね。

岡口　なるべく高裁の人に見られたくないというのがあります。若い裁判官は成長途中ですからね、しようがないんですよ。あと、もしかしたら間違っているかもしれないから、その間違いを指摘されたくないのもありますよね。間違いが多いと、笑えない話になってくるので。

中村　例えば高裁に移って、「こんなのは言語道断だ」という理由で判決ががらっと変わっちゃうのはわかるんですけど、原判決維持で、内容的には問題ないことでも控訴されてしまうと、その裁判官は、説得できていなかったと問題視されてしまうんですか。

岡口　いや、それは大丈夫です。どんないい判決でも、控訴する人は控訴しますからね。

代理人の腕のよし悪しが判決に及ぼす影響

中村　代理人の腕のよし悪しは判決に影響を及ぼすと思いますか？　今までの話で当然影響はするんだろうなと思うんですけれども。岡口さんが考えられるところはありますか？

岡口　しようがないと思いますね。民事訴訟は相対的真実であって、記録にあることしか我々はわからないんです。いい代理人は証拠の出し方もうまいし、最初の訴状の段階から証拠出しまで**あらゆるプロセスで代理人によって差がついちゃう**ので、それはいちいち是正できない。その最終結果としての判決なので、もうしようがないと思っていますね。

中村　評価、事件の見方のスタンスを、より実体的真実に踏み込んで、職権で調べたいという裁判官の方もおられると思いますが、その考え方について岡口さんはどう思われますかね。

岡口　先ほども話に出ましたが、「さすがにこれは正義に反する」というときは、私でもやっぱり言いますね。例えば、片方が本人訴訟の場合に、弁護士をつければいいのにあえてつけないんだから、不利になっても仕方がないという考え方もできるのでしょうが「さすがにちょっとこれは……」というときもあります。また、弁護士が若い先生である場合は、指導的な意味も含めて、「こういうときはこういうふうにやるんじゃないですか」と言うこともある。育てる、みたいな感じなんですかね。今、十分に上の世代からの指導を受けられていない若手が増えているので、裁判所も含めて育てていかないといけないんでしょうね。昔は、助け舟を出したりとかはしなかったんですけどね。

起案合議

中村　起案合議という言葉を聞くことがあるのですが、具体的にはどういうものなんですか?

岡口　判決書の起案をした上で、その起案を見ながら合議をしていくことです。うまい裁判長は、左陪席が起案を出してきたら「ここを膨らませたらいいんじゃないの」とか何かヒントを与える。左は「わかりました」とか言って、そこを膨らませて書いてくる。すると、すごく説得力が増したりするんですよね。そうやって左を育てていく。起案合議で、うまくヒントを与えられる裁判長は育て方がうまいです。優秀な裁判長は、全部自分で書いちゃうんですよ。そのほうが早いんですけど、それだと下が育たないから、起案合議をうまくやれる人が裁判長になってほしいなと。

中村　起案合議は、左の裁判官が上げてきたものに対して口頭で、ここはこうや、ここはこうやぐらいのものですかね。具体的に朱を入れたりとか、そこまではしないんですか。

岡口　朱を入れるのは、「ここはこう直してください」という指示ですね。起案合議とは、そういうものではなくて、ある部分を示して、「あなたはこう書いているけど、こういう視点とかを入れたらもっとよくなるかもしれませんよ」とか言って、そこの部分だけ書き直させたりするんですよね。それを何カ所か、重点的にやる。左は裁判長に気に入られたいので、そこはすごくよくなって返ってくるんです。それを何カ所か、重点的にやる。てにをはぐらいであれば、起案合議が全部終わってから、裁判長が見て直していくのでいいんですけど、その前のちょっと膨らませるみたいな作業とかを起案合議でするんです。あと、勘違いをしていたり、構成が違っていたりすることもあるので、それは指摘して、ちゃんと書き直させる。

中村　弁護士の起案も、若手の起案は一応は上が見るという体ですけど、上がどうしても忙しかったら「もうええわ。貸せ」と引き揚げて、上が書いちゃうんですね。それやったら、なかなか下が育たないんですね。反対に、上の人が全然見てへんやろうなという書面もあったりするんですよね。それはそれでわかっちゃうので、よくないなと思うんですけど。

岡口　ちなみに、最近の裁判長は、とても優しくなっていますね。昔の裁判長は、みんな怖くて怖くて、それで裁判官をやめちゃった人もいるぐらい。今はすごく優しいので、その意味では話しやすくはなっているけど、それに輪をかけて左が忖度しちゃうこともありますね。

中村　なるほど。

岡口　昔は、果敢にぶつかっていって、ものすごくどなられていた人もいた。でも、そのほうがまだよかったかもしれません。今は表面上、非常に穏やかな雰囲気になっている。

中村　でも、その分、裁判官の個性は、発揮しにくい感じになっているんですかね。

☑ 審理期間の長さは気になる？

中村　一審の話なんですけど、判決までの期間を2年以内にするという話が一時出てきたじゃないですか。そこを越えてしまうケースもあると思うんですけど、審理の期間は、裁判官としても気にするものなんですよね。

岡口　審理期間が2年を越えると、内部の統計に載ってしまうので、それが目立つと自分の出世に影響するのではないかと考える裁判官もいます。

中村　じゃあ、これは危ないなと思ったら、いきなりスピードアップさせたりとかってあるんですか？　裁判官が途端に早口になったり。

岡口　……。ただ、最近は、単独事件で2年を越えることはほとんどないですね。

中村　そうですね。合議でときどきあるぐらいですけど。でも、1つの事件でも、転勤とか異動で裁判官は代わっていくじゃないですか。最終的に自分に回ってきたときに、もう1年11カ月だったときとか、誰の責任になるんですかね。

岡口　**統計上は、超えたときの裁判官なんですよ。**お互いさまなので、後の人に悪いなと思える人はちゃんと自分で処理していくんですけどね。

そういえば、
出してもらうまでに
大騒ぎする割に、
民事の判決言い渡しは
完全に儀式化してるな。
俺も弁護士になって十四年、
判決期日に
出廷した事なんて
数えるほどしかないぞ…。
いつも、判決言渡期日の
すぐあとに、
係属部に
電話して
主文だけ
聞かせてもらって
あとから判決書の
送達を受ける形だ。
午後イチの弁論期日に
出たときなんかは、
最初に別の事件の
判決の言い渡しに
遭遇することがあるけど、
いつも
主文を
読み上げるだけの
味気ないものだしな。
なんか勿体ない気もする。
あれって、「理由も
省略せずに
法廷で
読み上げ
られたい」みたいな
上申書出したら、
全部、読んで
もらえたりしますかね？
さあ、どうだろ。
そうしたら
代理人は言渡期日、
聴きに来るの？
ハハハハハ、
行きませんよ、忙しいし。
ムダじゃないすか。

07 控訴

控訴の記録を読むとき、まず裁判官はどこを見るの？　みんな大体間違えていると巷で噂の「控訴の趣旨」、安心のモデル文例も紹介。

一審の和解協議ではこっちが有利だったんです。
あとから来た裁判官が証拠読まずに判決書いたんです。
そんなんウソです。
あと、前の裁判官も『被告代理人は書面が遅いし読みにくい』ってよく言っていました。

☑ 双方から控訴される判決

中村　双方から控訴される判決ってありますよね。双方が控訴するんだから、当事者が納得できるような判決が結果として出せていないということですね。

岡口　事実認定を間違えているときとかですね。当事者は、この判決は違うってわかっているんですよ。双方がわかっている。

中村　事実認定のセンスがないんですかね。事実認定能力というと、なんかそれまでの人生で経験則みたいなものがどれだけあるかっていうのが影響するような気がするんですが。裁判官が「世間知らず」みたいに言われることがあるのも、そういう部分が影響しているからなんじゃないですか？

岡口　事実認定だけでなく、あてはめの場面でも、センスがない裁判官っていますね。例えば、工場で労働者が機械をいじっている間に手を切ったケースがあったんですよね。本人がふざけていたところもあるんですけど、その人はまだ実習生で、管理職も2人見ていて、しかも勤務時間中のことであったと。普通の裁判官は、それは労災だと思うんですよね。だけど、「それは本人が悪い。遊んでいたせいだ」「請求棄却だ」とか言う裁判官もいるんですよ。やっぱり感覚とかセンスなんですかね。

中村　それは和解協議の中でも注意をされずに、結局、そのまま判決まで行っちゃったんですね。

岡口　ええ。だから、相手は全然納得していません。結局、判決になっちゃいます。それで高裁に行って、「何じゃ、これは」ということになるんです。

中村　うちもありましたよ。交通事故の休業損害の問題で、労働能力の喪失も減収の事実も認められてたんですよ。ところが、税務申告で過少に申告していたことを理由に、禁反言（注・「税務申告で利益を得ていたんだから、事故に遭ったからって主張を変えるな」ということ）だってばさっと切られて。高裁へ行ったら、これはおかしいねと言って、すぐに変えられた。そもそも、ちょっと変わった評判のある裁判官だったんですね。結局、和解で言っていたのとも全然違う判決だったし。

岡口　逆に勝てるはずのない事件で勝ってしまって、相手から控訴されることもありませんか？

中村　ありますね。一部勝訴で丁度いいぐらいだなと思ったら、思いのほか勝ってた場合とかも。結局、控訴されるというのは、こっちもある程度リスクですもんね。そのまま同じ判決になるとは限らないので。
だから、高裁へ行っても相手方の代理人と、あの判決はないよねみたいな話になっちゃうんですよ。ラッキーパンチでも、一審で勝訴すると依頼者の期待値は必ず上がりますから、控訴審での解決にも影響しますしね。

高裁裁判官が控訴審でまず着目すること

中村　控訴審に新しく上がってきた事件の記録を見るとき、どのような視点で記録を見るのかとかお考えがありましたら教えてください。

岡口　**私の場合、原判決は間違っているという視点で読む**ようにしています。私が信じるのは、原判決の最初に書いてある「事案の概要」ここはさすがに間違っていないし、争点が列挙してあるので一応読んでおく。その後は、原判決の続きを読む前に、双方から出ている代表的な陳述書を読んだりするんですよね。

中村　陳述書は証明力に限界があるという話でしたが（本書48頁参照）、高裁で、一から事件の全体像を把握する資料としては、役に立つということですね。

岡口　双方が出している代表的な陳述書には、それぞれのストーリーが生の事実で描かれているので、これらを読み比べると、こういう事件だなと大体筋が見えてくるんです。その上で、原判決の理由を読むと、「あれっ、全然違うじゃないか」ということになってくる。事件の筋を外している原判決では全然お話にならない。私は筋読み系の裁判官であるということもあって、原審記録をこのような順番で読んでいます。そこは裁判官によると思いますけどね。

中村　その作業は、高裁だと左陪席が最初にされるんですか。

岡口　左というか、高裁は主任制なので主任と呼びますね。

中村　えっ？　左とか右とか言わないんですか。

岡口　言わないんです。主任裁判官は、記録を検討して、期日指定の段階で、ざっと処理方針を書いた仮合議メモを裁判長に提出します。裁判長がその処理方針を了解すると、期日指定をします。期日がいよいよ迫ってくると、その前日に合議をして、判決の結論まで決めてしまいます。

中村　確かに高裁の第一回は地裁の第一回とまったく緊張感が違いますね。

岡口　裁判長も、原審記録を読むときは、割と筋読みというか、「こういう事件なのに、この結論はおかしいでしょう」という見方で見ていますよね。理由は何とでもつけられるので、筋を外している原判決であっても、国語的にはとてもよく書けていて、一見いい判決になっているんですよ。だから、判決だけ読むと、非常に説得力があったりするんです。それで、原判決の理由を先に読んでしまうと、その内容に引きずられてしまうので、まず陳述書のほうを先に見るみたいな感じですかね。

中村　仮合議メモを作る段階では、まだ控訴理由書が上がってきていないですよね。控訴理由書は、控訴審での不服の範囲を確定するというのはあるかもしれないんですけど、審理に大きく影響したりするんですか。

岡口　しますね。基本的には、控訴審というのは控訴理由について判断するだけなんですよ。だから、控訴理由で主張されていなければ、こっちはおかしいと思っていても、「控訴理由にないんだから、それは判断する必要はない」ということになる。だから、控訴理由書が出てきてはじめて、「この点を判断すればいいんだな」とやらなければならない作業が確定するわけですよね。

控訴代理人の見立てと筋と

中村　ほとんどの控訴の事件って、控訴するときは1～2枚の控訴状だけですよね。控訴理由書がいざ出てきたら、仮合議メモでの問題点と全然とらえ方が違っていることもあるんですか。

岡口　ありますね。要するに、**控訴代理人が問題点に気づいていない**場合ですよね。

中村　そこは、あえて控訴審の裁判所から、「こういうことも言えるんじゃないですか」みたいに振らないわけですよね。

岡口　そこもまた裁判官によって全然違いますね。「控訴理由にないんだから、もういいじゃないの」と控訴棄却で終わらせてしまう人もいる。でも、あまりにも原判決が恥ずかしい内容であると、「裁判所はこれでいいのか」という話になりますよね。

中村 当事者が全然光を当てていないところを、どう控訴審のまな板にのせるんですか？

岡口 例えば、訴訟物のとらえ方から既に間違っていたりするんですよね。

中村 原判決が？

岡口 ええ。そういう場合は全部やり直すしかない。そうすると、弁論準備手続に付して、裁判長から**「岡口さん、やっておいてください」とか言われて**。主張の整理からやり直すんです。

中村 やり直しは岡口的処理。和解で終わっても問題はないわけなんですか。

岡口 原判決の間違いが世の中に出なくて済むので、和解でこっそり終わったほうがいいです。

控訴の趣旨は大抵どこか間違っている？

中村 「控訴の趣旨は大抵どこか間違っているから」と裁判官から言われたことがあるんですよ。控訴審でいろいろ釈明を受けて、「これはこういう趣旨でよろしいですね」と変えさせられることがあったりとか。実際、控訴の趣旨は間違っていることが多いんですか。

岡口 **ほとんど間違えています。** 間違っていないことがあまりない。

中村 「書式集自体も間違ったことを書いているから」と裁判官が言っていたんですよね。それは具体的に、どういう間違いが多いんですかね。

岡口 そんな難しい話ではないので、間違えないでほしいんですけど、例えば、原審が一部認容であったときは、どっちからの控訴でも大抵間違えていますよね。自分が勝った部分は原判決を取り消さなくてもいいんですよ。負けた部分だけ取り消せばいいのに、「原判決を取り消す」としか書いていない。要するに、自分が勝ったところを含めて全部取り消せと言っているんですね。ほかには、原判決を取り消してくださいというときと、変更してくださいというときの違いをわかっていないとか。訴訟費用についても「控訴費用は被控訴人の負担とする」と書くだけのときと、一・二審の訴訟費用を両方書くときとの区別もね。そんなにバリエーションはないんだから、ちゃんと表にしておけば間違えないと思うんですけど。

こういう一番基本のパターンの段階で既に間違えている。だから、もっと複雑な事件になってくると、もうぐちゃぐちゃです。

中村　それは何を見たらいいんですかね。

岡口　**『民事訴訟マニュアル』**[※]**を見たらいい（笑）**

中村　えっ、そんないいものがあるんですか（笑）

岡口　でも、これも細か過ぎる。だから、基本パターンだけでもいいので覚えてほしい。要するに、一審全勝ちのとき、全負けのとき、それから一部勝ちのとき、一部負けのときその4個の基本パターンだけ、ちゃんと表の形にしておけばいいと思います。

中村　あ、私、民事訴訟マニュアル持ってきていました。これですね。下巻の103頁以下の控訴の趣旨。

岡口　こういう本のは細か過ぎるんですよ。いろんなバリエーションを書いちゃっているから。

中村　だから、むしろ基本4パターンだけしか書いていない本があればいいのでしょうね。この本に載せればいいんじゃないですか。**この4個だけ覚えてください**と（書式を付していただきました！　次頁参照）。

岡口　とにかく、そのレベルで既に間違っているので、「控訴の趣旨はこういうことですね」と毎回法廷で言うことになってしまっているんですよ。

双方控訴・附帯控訴などの事情の影響は？

中村　今回の企画で非常に聞きたかったところなんですが、控訴審での判断のときに、双方控訴か附帯控訴かで、控訴審の判断に影響するケースはありますか？

岡口　附帯控訴は、「相手が控訴したから、多分それに乗っかったんだろうな」というぐらいですよね。**それでどうこう思うことはあまりない**です。

他方で、双方控訴は、原審が両方説得できていないわけですね。先ほどの事実認定の話で言うと、原審の認定が真実に合致しているのであればどっちかはもう仕方ないと思って諦めるんですけど、両方違うと言っているんだから、**多分原審の認定は真実ではないんだろうな**と思ってしまいます。

※　岡口基一『民事訴訟マニュアル―書式のポイントと実務― 第2版（上・下）』（ぎょうせい、2015年）

【書式】控訴の趣旨と控訴の趣旨に対する答弁

☑控訴の趣旨（４パターン）

① １審全部敗訴原告の控訴

> 1　原判決を取り消す。
> 2　被控訴人は，控訴人に対し，○万円を支払え。
> 3　訴訟費用は，１，２審とも被控訴人の負担とする。

② １審全部敗訴被告の控訴

> 1　原判決を取り消す。
> 2　被控訴人の請求を棄却する。
> 3　訴訟費用は，１，２審とも被控訴人の負担とする。

③ １審一部敗訴原告の控訴（２項は敗訴部分のみ）

> 1　原判決中控訴人敗訴部分を取り消す。
> 2　被控訴人は，控訴人に対し，○万円を支払え。
> 3　訴訟費用は，１，２審とも被控訴人の負担とする。

④ １審一部敗訴被告の控訴

> 1　原判決中控訴人敗訴部分を取り消す。
> 2　被控訴人の上記取消しに係る部分の請求を棄却する。
> 3　訴訟費用は，１，２審とも被控訴人の負担とする。

☑控訴の趣旨に対する答弁

> 1　本件控訴を棄却する。
> 2　控訴費用は控訴人の負担とする。

中村　となると、双方控訴か附帯控訴しているだけかで、影響はあるという意見ですね。

岡口　あると思いますね。

中村　双方控訴の場合は、どっちが先に控訴したかとか、そこまで詳しくは見ない？

岡口　先に控訴をしたほうが、原判決に対する不満がより強いんだろうなと一応は思います。控訴審で和解を進める際には、双方の不満の度合いの違いを意識することもあります。

控訴審における和解

中村　私は自分の控訴審の事件で経験したことがあるんですけど、高裁の裁判官が、一審で勝った側に、二審で逆転敗訴する可能性がありますよと告げて、和解を勧めることがありますよね。岡口さんも、そういうことはされていますか。

岡口　確かに、多くの高裁で、そういう和解が行われています。裁判官は、知らんぷりして弁論を終結して、終結後の和解で、おもむろに原判決を取り消す話をし出すんですよね。

でも、それって、違法ではないとしても、問題があると思いませんか。原判決を取り消すのであれば、原判決にはどういう問題点があるのか、当事者に指摘して、その点について、双方に主張立証させる機会を与えるべきだと思うんですよね。民訴の学者の高橋宏志教授のいう「法的観点指摘義務」が裁判官にはあると思います。抗告事件ではありますが、反論の機会を与えることなく原決定を取り消した抗告審決定を違法とした最高裁決定もありますし。

中村　確かに、不意打ちの最たるものと言えるかもしれませんね。１回続行してもらえれば、その間に依頼者と方針について検討もできますから、依頼者の納得感も得やすいと思います。

岡口　私は、原判決をひっくり返す際は、控訴審の第１回終結はすべきではないと考えているので、先ほどの話のような和解というのは、私の場合にはあり得ないんです。

中村　岡口裁判官のように影響力のある方にそういうことを言ってもらえると、とても心強く感じます。ぜひ、他の裁判官も、同じような訴訟運営をしてほしいですね。

岡口　高裁で、さきほどのような話の和解があったら、この本をその裁判官に突きつけるといいかもしれませんね（笑）

中村　いろいろな代理人の話を聞いていて思うんですが、終結と言ったらもうそこで終わりじゃないですか。で、そのあとの和解協議の席上で「一審よりも減りますよ。和解したらどうですか」と言われる。「じゃあ、書面出します。それも見て考えてください」とは言うものの、「一応、参考までに見ますね」と言われてしまう。そうなると、やっぱりもう一度弁論再開して主張の機会をくださいよとなりますよね。それをしないんだったら、最初から一発結審はせずに和解協議に入ったらいいじゃないと思うわけなんですけど、高裁はなかなかそういう運用はしてくれないですよね。

話はちょっと変わりますが、控訴審での和解は、電話会議でもできるんでしたっけ。

岡口　いいえ。できません。なので、電話会議をするときは、和解期日ではなく弁論準備手続期日や進行協議期日にしますが、弁論終結後の和解のときは、弁論が終結してしまっている

ため、これらの期日にすることができません。そこで、終結後の和解のときは、話し合いをするだけの期日であれば、和解期日を指定して、片方の代理人だけに出頭してもらい（注・調書上、他方は欠席）、事実上電話会議を行い、和解が成立しそうであれば、弁論を再開して、弁論準備手続期日を指定して、同期日において電話会議で和解を成立させるというようなこともしています。

08

裁判所から見た内外のお仕事事情

裁判官の転勤時の引継ぎや代理人の印象。意外と知らない、裁判所から見た法曹二者のお仕事事情、本章を読めばもっとお互いを理解できるかも？

やっぱり裁判官ともなれば六法全書、
ぜんぶ暗記しとるんでしょう？

☑ブラックボックス？　裁判官の異動時の引継ぎ

中村　裁判官が異動して事件の担当が代わるじゃないですか。このとき、どういう引継ぎがされているのかを、教えていただけますでしょうか。

岡口　異動先に行くと、机の引き出しの中に前任者が作られた引継メモが期日順に並んでいて、迫っている期日から順番に見られるようになっています。

引継メモには記録を読めばわかることは書いていません。弁論事項は、記録を読めばわかりますから、引継メモには、和解の進捗状況が詳細に書いてあることが多い。和解の状況は記録を読んでもわからないからです。

そのほか、引継メモには、記録には現れない周辺情報がいろいろと書かれています。「**ちょっと注意したほうがいい当事者なので気をつけてください**」とか。昔は、引継メモに事件についての自分の心証を書いている方もいたんですけど、次の裁判官の心証に影響を与えかねないので、私は書かないようにしています。真っ白な気持ちで記録を読んでほしいです。

中村 例えば代理人についてもいろいろ書かれていることはあるんですか。記録を読んでいないとか、話が通じにくいとか……。

岡口 異動直後は、その地域の弁護士の評判などもわからないので、注意したほうがいい代理人については書くことがありますよね。

中村 安全とか法廷警備とかに影響するからという趣旨で書くんですかね。

岡口 当事者の情報の場合、それもありますね。

中村 代理人の気風とか、見方みたいな趣旨のことまでは書いていない？

岡口 いや、ひどい先生のときは多分書いていますね。「この先生は何回言っても準備してこないので、ちょっと注意して進めてください」とかですね。

中村 引継メモにあるのは和解だとか代理人の情報だとかの周辺情報だけで、事件の内容については、あとは記録を見てくださいというスタンスがほとんどなんですね。

岡口 そうですね。これも裁判官の責任感によるんですけど、落ちそうな事件を落としていく人と残す人がいて。責任感のある人は、大きな事件は自分の代で全部片づけていくんですよね。ただ、それが問題になることもあるんですけど。

中村　問題？　早く処理してしまうのが問題なんですか？

岡口　要するに、事件を終わらせるために無理やり判決を書いてしまっている人もいるので、生煮えで終わっているんです。裁判官村での評価を考えて、自分は責任感のある人ですとアピールしたいので、自分の代で終わらせていくんですよね。そうすると、残るのは新件ばかりなので、そんなに引き継ぐこともないんです。逆に、事件を残す人は、面倒くさい事件は後任者に引き継いでしまえみたいな感じで、最後は延ばし延ばしで、4月超えの事件にして置いて出て行きます。そのタイプだと、事件の内容についても、いろいろ引き継がなければならないんじゃないですかね。

中村　その引継メモは、書式とかは特になくて……。

岡口　ええ、自分で決めて。

中村　メモは、基本的には持っている事件が80件あったら、80件分全部あるという感じなんですか。事件の数だけ作っておく？

岡口　ええ、そうなんです。

中村　これは、動く裁判官自身が異動前に作るんですよね。

岡口　そうなんです。だから、3月にでもなると、期日が終わるたびに、その日にあった事件の引継メモを作っている感じですかね。

中村　例えば、「4月に動きますよ」というのが裁判官本人に知らされるのは、いつぐらいなんですか？

岡口　大体は1月頭ぐらいですね。

中村　じゃあ、余裕もあるし引継メモを作っていくのはそんなに難しくはないと。

岡口　そうですね。

中村　なるほど。裁判官の異動時期って4月以外にもあるんですか？

岡口　基本は4月ですね。例外的に8月異動というのもあります。

中村　引継メモを見てもちょっとわからないからと言って、後任の裁判官が前任者の異動先に電話して聞く、なんてことはあったりするんですか？

岡口　しないのがルールなんですけど、たまにあるんですよ。私は絶対しないですけど。電話されても、こっちももう忘れているし困るんですね。

中村　書記官さんに聞いて、ある程度わかることはないんですか。書記官さんも動くから、なかなかそうはいかないんですかね。

岡口　普段から書記官といろいろ話している裁判官もいますが、そうじゃない裁判官もいますから、書記官に聞いてもわかるとは限らないですね。

中村　なるほど。裁判官が代わって和解の流れががらっと変わっちゃうことも結構あると思うんですけど、制度上しようがないということですか。

岡口　ただ、「和解はこういう線でやっていました」という引継メモがあったら、やっぱりその流れでやらなきゃいけないんじゃないですか。

中村　今までの流れを尊重して。

岡口　ええ。私は、それでまとまる可能性があるんだったら、和解の内容にこだわる必要はないと思っていて。**いいじゃないですか、まとまるんだから。**

中村　そうですね（笑）

岡口　ええ。だから、その路線で行けそうだったら、私はあまり介入しないほうです。ただ、これまでの流れはまったく気にしないで、自分のやりたいようにやる裁判官もいます。そういう方の場合、路線は全然変わっちゃうんじゃないですかね。

異動を控えた裁判官

中村　異動する裁判官は、特に2月、3月が非常に忙しいんですか？

岡口　責任感のある人はね。ない人は、逆に非常に暇なんです。

中村　先ほどは民事の話でしたが、刑事はどんな感じなんですか。

岡口　刑事の単独事件は、1回で終結するものがほとんどで、そもそも続行するものが少ないですからね。だから、合議は別ですけど、刑事は引継ぎをほとんどしないと思います。合議事件は、続行があれば、それは左陪席同士で引き継いでいると思います。

中村　なるほど。刑事では新しく配属された先でも、そういう引継メモはなくて、新件を一から判断することが多いということですね。

主張まとめメモの提出要請

岡口　異動してきた裁判官が、双方代理人に「今までの主張をA４１枚ぐらいにまとめて出してください」とお願いするという運用が始まり、最近どんどん広がっているという話を聞いてます。

中村　裁判所にそう言われたら、代理人としては特に異論なく出すことは多いのでしょうね。1枚くらいならまあ……。

岡口　喜んで出されるそうですよ。**本当に喜んでいるのかどうか知りませんけど。**

中村　「それより記録をちゃんと読んでよ」と言いたくなることもありますが、それができないくらい記録が多くなってるとね。よりよい理解のためなら、あまり反対する意味もないんですかね。確かに私もそれは言われたことがあります。

4月に異動してきて、最初の期日には、実質的な話になかなか入りにくいですね。1回空転しちゃうようなことが結構多いような気がします。

岡口　事件にもよるんですかね。双方代理人はどんな人たちかとか、自分が知らない話があるんじゃないかとか、裁判官はいろいろ知りたいことがあるので、雑談してみて、雰囲気をつかもうとする人はいますよね。それで問題がなければ先に進めばいいんだけど、そこで何か「ん？」と思うようなことがあると、1回延ばして、もうちょっとちゃんと記録を読む感じですね。新しい場所だし、最初はやっぱりよくわからない。だから、1回置くというのは、気持ちとして何となくわかりますけどね。

処理して行くか置いて行くか

中村　異動する裁判官が、「この事件、こういう形では残して行けないな」と思うのは、どういう場合なんですかね。

岡口　まず、**恥ずかしいのは残せない**ですね。単独事件の裁判官って、事件も多くて、時間がないので、事件処理がなかなか理想的にはいかないいんですよ。書面の交換だけさせて続行でつないでいたりとか、後任者から見ると、とても雑な処理をしていることが全部わかってしまう。だから、そういう恥ずかしい系は、「何としてもこれは自分の代で終わらせて、次の人の目に触れないようにしよう」というインセンティブが働くんじゃないですかね。

それから、正義の実現という観点から、何としても早く終わらせなきゃいけないという事件がある。被害者を早期に救済する必要がある場合などです。そういう事件では、他方当事者がどんなに抵抗しようと、自分の代できちんとした結論を出すために、責任をもってやっていると思いますよ。

中村　なるほど。確かに秋くらいから「春先を目処に仕上げていきますよ」的な進行を見せる事件ってありますね。ほかにはどんなパターンがありますか。

岡口　あとは、複雑困難な事件とか。次に若い人が来たら、それを引き継ぐのはかわいそうなので。でも、その場合、その単独事件を合議に回しておくという手もあるんですよね。次に来る**若い人は、合議に回してくださいと言いにくいから、前任者である私の代のうちに回しておいてあげる**とかね。合議に回すって言いにくいんですよね。自分でやるというのが基本で、それが望ましいとみんなそう思っていますからね。

中村　合議にしたいときは、「これは合議でお願いできますか」と部長に言うわけですか。

岡口　ええ。それも上との関係がよくないと言いにくかったりする。だから、後任の若い人が困らないように、自分の代で回しておこうと思うこともありますね。

中村　逆に、これは尋問がまだで、尋問と判断を切り離したらいけないから、尋問は後任者が着任する4月以降にしておこうということもあるんじゃないですか?

岡口　本当にやむを得ないときはそうします。尋問は、判決を書く裁判官がやったほうがいいので。自分の代で尋問だけして、判決は後任者が書いてくださいねというのはまずいんですよね。だから、そうならないように自分で尋問もやって判決も書くというのが一番いい。終わりかけている事件であれば11月ぐらいから計画的に尋問期日と判決期日を入れて、3月までに自分で片づけて行くのが一番理想なんです。ただ、それができない場合は、しようがないので、尋問以降はお願いしますとなりますかね。

中村　大規模な事件が係属しているかどうかは、後任の裁判官を誰にするかの判断に影響するものですか。

岡口　いや、それはないですね。ただ、事件をすごくためる人がいるんですよ。見ていると、すごくためちゃった人の後は、事件を素早く処理できる人を入れていますね。事件をためる人って、例えば、来たときに手持ちが１００件ぐらいしかなかったのに、出るときは２３０件になっている。次にしゃかしゃかと事件処理ができる人が来ると、それが50件ぐらいまで減ったりする世界なんですよ。

中村　事件を早く終わらせる能力が高いというのは、和解で処理できる率が高いということになるんですかね。

岡口　いや、両方ですね。判決も書くし、とにかく落とすんですよ。**事件をためちゃうのは内部での評価としてかなり悪いんです**。それで、みんな事件数ばかり気にする状況が生まれている。早く落として内部評価を上げることがインセンティブとなって、とにかく落とせばいいと。粗製濫造判決になってしまわないか心配です。

中村　今どのぐらい事件がたまっているかという数字は、自分で、リアルタイムにわかるものなんですか？

岡口　わかります。一覧表で配られるんですよ。なので、誰がすごく成績が悪いというのは毎月わかる。

中村　何係は何件、とかも出るんですか？

岡口　ほかの部とかのも全部出てきて、一目瞭然。

中村　シビアですね。うちの事務所は、ほかの弁護士の処理件数や売上はわかりませんよ。気になりますけどね。

岡口　ええ。それで、みんなとにかく落とせとなるわけです。だから、昔、民事事件の数が全体としてとても多かった時代は、尋問もしないで、陳述書だけで終結するとか、かなり強引な訴訟運営もありましたよ。今は事件数が全体として減ってきているので、また雰囲気が変わってきましたけどね。事件数的に余裕が出てきたんですよね。

裁判官の宿題事情

中村　裁判官って、記録を庁外に持ち出して家で読んだりはしないんですか?

岡口　いや、あります。ただ、今は記録の管理がとても厳しくなっているので、基本は役所で読めという話ですよね。

中村　出た準備書面も自分の席で読んで、置いて帰るという感じですかね。

岡口　そうですね。ただ、お忙しい方は、記録貸出しの手続きをして、帰って読んでいますけどね。

中村　1冊丸々を?

岡口　あるいは証拠の部分だけとか。主張部分は、準備書面等の写しをもらっていますから。

中村　なるほど。

岡口　紛失とかが起きると困るので、記録の管理は非常に厳しくなっています。ただ、役所に遅くまでいるのも問題で、24時までには帰れと言われています。

☑事件処理「以外」にはこんなことをしています

中村 事件処理以外に行っている仕事や副業的な業務にはどういうものがありますか？

岡口 高裁はあまりないんです。一方で、地裁・家裁はとても忙しいですね。地裁・家裁は、とにかくバタバタして1日が終わるんですよね。高裁は、毎日起案だけしていればいいので、本当に穏やかなんですけど。

中村 地裁・家裁の裁判官には、事件のほかにどんなお仕事があるんですか？

岡口 裁判所内部でいろんな協議会があります。その問題づくりからやらなきゃいけない。まず企画を設定して、問題づくりして、自分たちで問題を解く。その一連の作業がいくつもあるので、その準備とか。あと、司法修習生の指導とか令状当番とかですね。

中村 なるほど。庁舎の外に出て行く仕事もあるんですか。たまに、担当の裁判官が不在にされてることがあります。

岡口 そういうのもありますよ。同一の高裁管内の裁判官が一堂に会して協議会をやったりするので。それ以外にも、調停委員さん向けの講演をしたり、地元の高校に出前出張講義に行ったり、いろんな外部行事に参加することもあります。地裁・家裁は、仕事以外にいろいろあるのでとにかくバタバタしていて、関係者がどんどん出入りするんですよね。これはここまで終わりました、次はどうしますか、なんていうのが次々と来る。そうやって1日が暮れていく。でも、私は、そういう雑多なのが好きなので、地裁・家裁のほうが楽しいです。今は、高裁にいて起案だけしていればよくて。穏やかなんですけど、ちょっと物足りないなという感じですかね。

中村　今言われた「いろんな外部行事」とは、どういうものがあるんですか。

岡口　調停協会も一応外部団体ではあるんですね。だから、そこに出かけて行って講演したりとか。あとは、私がやったのは、警察学校で裁判官が講義をするという企画とか。被害者保護制度の概要について話してきました。

中村　そんなお仕事もあるんですね。

岡口　大学の法学部の弁論大会の審査員の仕事とかもあります。

中村　そういう形での裁判所の情報資源の活用はもっとあってもいいと思いますね。

裁判官に求められる資質

中村　弁護士と裁判官のスキルは求められるものが全然違うと思うんです。弁護士は営業力も説得力も必要ですし。優秀な裁判官になるために必要なものは何なんですかね。

岡口　まずは**事務処理能力**ですよ。裁判官は、その事件の全部の面倒を最終的に見るわけですから、全体の管理者として、きちきちと全て適法に物事を進めないといけない。手続から証拠の判断まできっちり全部押さえて、何一つ違法がないようにするためのチェック作業なんですよね。あまりおもしろくない作業なんですけど、それをしっかりやれる人ですよね。

中村 あー。わかりますわかります。

岡口 あとは、一つの事件でロッカー1個分ぐらい記録があるような場合でも、その記録を丹念に1頁1頁ちゃんと読める人ですね。普通は、そんな面倒なことはやっていられないですからね。読み飛ばしたくなる誘惑に駆られる。だけど、ちゃんと読むという能力、要するに忍耐力ですね。

中村 そのロッカーって、駅にある300円のコインロッカーではなくて、事務所のキャビネットみたいなでかいやつのことですね。

岡口 そうです。その量を読み込む忍耐力。手を抜かずに、きっちり違法がないように仕上げる。その点で、日本は、外国とは大分違いますよね。諸外国では、多くの部分を裁判官以外の人、書記官とかがやっていると思うんです。裁判官は大事なところを判断すればいいという。判決を双方当事者が書いて、裁判官がどちらか、いいほうを選ぶという国もあります。日本でも、裁判官は単なる判断だけして、それ以外の細かな作業は誰かに任せるとか、もうちょっと役割分担したほうがいいのかもしれませんね。今、裁判官が、判決の当事者欄から全部書いていますから。

中村 そうなんですね。その場面を想像すると結構おもしろいですね。裁判官がパソコンの前で「この人ハシゴダカか」とかやってるわけですね。

岡口　そうなんですよ。そういうことまで、限られた時間でやらなければならないから、事務処理能力がなければ勤まりません。それにプラスして、つまらない仕事への忍耐力かな。地道な作業であってもきっちりやって、細かいことでも手を抜かない。ロッカー1個分ぐらい記録があっても全部しっかり読む。ある意味、裁判官ってとてもつまらない仕事なんです。

裁判官の仕事の魅力

中村　逆に裁判官の仕事で、弁護士と比べて、こんな魅力があるよというアピールポイントってあります？

岡口　紛争解決の全体を指揮できますからね。先生方にも動いてもらうわけで、そういう意味で、裁判官がチームの監督なわけです。**紛争解決チームの監督ならではのおもしろさ**がある。もちろん、世の中の多くの紛争は、訴訟提起にまでは至らず、双方の代理人が、訴訟によらずに紛争を解決しているわけですよね。それが上手な先生は訴訟をあまり起こさない。結局、最終的にどうしようもないから訴訟を起こしているだけで、本当は双方代理人とも訴訟を起こさずに紛争を解決したかったのだろうなと思うんですよね。最終的にどうしようもないのだけ、裁判官が入って紛争解決するという最後の球拾い的な仕事なんですよ。そして、そういう「選ばれし紛争」において、裁判官は、紛争解決チームの監督となり、こじれきった紛争の解決という難題に挑むことができるわけです。

中村　監督兼球拾いというわけですね。

裁判官はしんどい？

中村　裁判所、例えば、特に地裁では事件の種類もいろんなものが来るわけじゃないですか。それで、今まで自分がまったく勉強したことも経験したこともない事件が上がってきてすごいプレッシャーを感じるとか、そういうしんどさはないですかね。

岡口　若い人は、みんなそれがありますよ。６年目からいきなり単独をやれと言われるので。裁判所の鬼のルールというものがあって、**できない、知らない、わからない、とは言わせない。**こういうルールをつきつけられて、１人でやらされるわけですね。だから、すごい目に遭って、若いのに大体みんなすぐ白髪が出てくる。でも、５～６年やっていくうちに、人間はみんな同じところで紛争になるんだなとわかってくるんです。結局は同じような事件ばっかりなんですよ。まったく知らないパターンの事件というのはだんだんとなくなっていきます。

中村　それは単独をもつようになって、大体何年目ぐらいに余裕が出てくる感じですか。

岡口　裁判長になる直前くらいですかね。15年目ぐらいになると大体……。それで裁判長になる感じです。それでもまだ、専門部の裁判官でもないとわからないような珍しい事件に遭遇することもあります。「これはさすがにわからないだろうな」と代理人も気づいているので、丁寧に説明してくれますけどね。

民事系裁判官のスキルが光る場面

中村　民事の裁判官で、最も個人差が表れるスキルってどこだと思われますかね。

岡口　事件の本質を見抜いて、それを踏まえた**最善の解決策を見出せるかどうか**ですかね。

中村　それは経験的なものですかね。

岡口　センスもありますが、経験も大きいですよね。判決書には、その裁判官の「人となり」や「人生」がそのまま表れるんです。事件の本質が見えていないで、文章力や法律の知識だけで立派な判決を書いても、やっぱり違っているんです。根本が違っちゃっているので。

中村　あと、裁判官は、心証の柔軟さに結構差があるんじゃないかと思うんですよね。1回凝り固まっちゃうと、後から何を言われてもかたくなになってしまう。そこはどうにもならないものなんですかね。

岡口　最近、柔軟な人が増えてきたと思いますけどね。他方で、ちょっと変わった考え方をする人もときどきいて、なかなか人の意見に耳を傾けなかったりする。合議で裁判官同士で議論してても考えを変えないので、代理人が言ってもダメなんだろうなと思いますけどね。
あと、若い人の中にスノビッシュ（注・教養、知識などを鼻に掛けるさま）になっている人がごくたまにですがいるのが気になりますね。

中村　優秀だからですね。

岡口　事件処理で失敗していくうちに、だんだんと鼻が低くなっていくんですけどね。

☑ 高裁から見た管内の裁判官

中村　高裁管内の裁判官、地裁・家裁・簡裁とかあるんですけど、その仕事ぶりは、高裁から、どういう感じで見ているんですか？　あと高裁から影響力を及ぼす方法ってあるんですか？

岡口　影響を及ぼす方法はないですね。ただ、仕事ぶりはわかります。その裁判官の判決が高裁に上がってきますから、その人の能力は判決を読めば大体わかります。それで、この人はダメ、この人はいいと大体評価できちゃいますよね。

中村　でも、一応裁判官の独立というのがあるわけだから、ダメな人でも、組織の中には居続けられるということなんですかね。

岡口　昔の地裁の所長は、所属裁判所の裁判官の判決を全部読んでいたんです。所長室に呼んで、ちゃんと注意していたんですよ。今は、そういうのもやっていないんですよね。

中村　何でやらないんでしょうかね。

岡口　裁判官の人間関係が非常に希薄になっているのが、原因の一つですね。

中村　弁護士の話でいうと、私、酒を飲めないから飲み会はあまり行かないんですけど、若手とご飯を食べに行っても、仕事の内容まで踏み込んで話をしないですよね。ただ、「誰が仕事できない」「誰がこんなおかしなことをしていた」という話は結構みんな好きなので、ウワサってすぐ回るんですよ。でも、そういうウワサがあっても、結局、依頼者にはわからないんですよね。できる人かどうかとかは、宣伝を見て判断してやって来るわけだから。
でも、弁護士の仕事は、依頼者の主観的満足がかなり大きい部分を占めますから、依頼者がオーケーと思っていたら、それで終わっちゃう話なんですよね。実際、もっとしっかりした代理人がきちんと主張を組み立てて、証拠もきちっと出していたら、認容額は1000万円じゃなくて1500万円になっていただろうという事件ってやっぱりあるんですよ。でも、依頼者がオーケーと思っていたら、それでもういいのかなとも思うんですよね。その人が選んだ代理人なんだから。

岡口　わからないのが幸せ（笑）

中村　弁護士はサービス業ですからね。

岡口　それから、裁判官は最初からパーフェクトじゃないんですよ。20代で任官して、仕事をしながら、50歳ぐらいになると一人前になっていくシステムなんですね。だから、できない人がいるのは当然なんですよ。ダメ判決を書いてしまった人も成長途中なんだから、そこで直ちにアウトと言えないんですよ。もっとも、この人はいくらやっても多分ダメだろうなという人もいて、そういう人は再任拒否になっていくんですよね。

☑ 裁判官に信頼されている代理人

中村　裁判官に特に信頼されている代理人っているんですか。具体的に、エピソードを交えてお話していただけますか。

岡口　裁判官にとって、誰がその書面を書いたかというのは結構大きな関心事なんです。例えば、最高裁判事が高裁判決を見る場合、高裁は大体、主任裁判官が判決を書いていますから、主任裁判官が誰であるかがとても気になるんですよ。それはどこを見ればわかるかというと、上告記録です。上告記録は、決裁印があるんですね。決裁印は主任裁判官が押すんですよ。そこの判子をまず見ます。それが信頼できる人であれば少し安心します。

　高裁の裁判官も、原審判決のうち、まず見るのは一番後ろ、裁判官は誰かというところなんですよね。まず、そこを見るんですよ。

中村　信頼できる人であれば内容も問題ないだろうと、そういう先入観があると。

岡口　まず、「これは多分大丈夫だろうな」みたいな感じ。これは**代理人の書く書面についても同じ**なんですね。「この先生だったらそう間違ってないだろう」と。

　中には、勝ち筋の事件しか持ってこない先生がいるんですよね。負け筋のものは依頼者を諦めさせて訴訟を起こさない。勝ち筋で、訴訟でなければ解決しないものだけ持ってくるような先生がいて、実際に、大体勝つんですよ。そういうのが繰り返されると、この先生が持ってきたんだから、まあ大丈夫なんだろうなみたいな……。

中村 なるほど。書面を読む段階で、書いた人に対してある程度の信頼や信用があると、初期の心証形成に結構大きく影響するんだということですね。

岡口 信用している先生の書面は、すんなり頭に入るんですよ。聞いたことがないような先生だと、慎重に読む。まず、この弁護士さんの力量はどれぐらいなのかがわからないから。それでも内容がすばらしかったりすると、「ちゃんとした先生なんだな」と思ったりするんです。

中村 東京ぐらいになると弁護士さんも非常に多いので、全然知らない先生の訴状も、日々、控訴で上がってくると思うんですけど。今言われたように、書面とか事件の内容から、この先生は信頼できるかどうか判断していくわけですね。

岡口 知らない先生は、そうするしかないですよね。ダメな書面を読んじゃうと、「この先生はダメなんだな」みたいにインプットされる。

中村 弁護士も、相手方の代理人に誰がつくかは気にするんですよね。要は筋ワルの事件をよく抱えておられる先生とかだと、そういう目で見たりしますからね。

そのほか、裁判所に信頼される代理人になるには、どこに気をつけたらいいですか？

岡口 月並みですが、**一つひとつの仕事をきっちりやること**だと思います。そうすると、管財人とか、もっと大きな仕事をやらせてみようとなる。それをちゃんとやっていれば、また仕事が来る。その積み重ねだと思いますけどね。

中村 書面をちゃんと期日までに出すとか、主張をきっちり出す、証拠もちゃんと出す。

岡口　形もそうですけど、やっぱり**中身**ですかね。あとは、依頼者をちゃんと説得できる先生は信頼します。今、依頼者のおつかいになっている先生が多いんですよね。

中村　依頼者の言われたままに動いちゃうような代理人ですか。

岡口　ええ。**無理な主張を平気でしてくる**ので、本人訴訟と同じになっていて。それじゃあ弁護士ではないでしょう、みたいな。

中村　確かにそれはありますね。耳が痛い部分もありますけど。よく言われているのが、弁護士が増え過ぎて依頼者との関係が希薄になっちゃったという。依頼者に厳しいことを言ったら、「ほかに行きますよ」「弁護士はあなただけじゃないんですよ」と切られちゃうという話は聞くことがありますね。昔は顧問先とのつながりが強くて、その先生が言うんだったら、それをのみましょうというのがあったんですけど、今は顧問先でもなかなか言えないから、変な事件の進み方になってしまうとか。

代理人間でも、本来だったら和解で落とせるところだけど、この先生は説得ができないし、事情もちゃんと伝えられていないだろうから、結局、証拠調べして判決をしないといけないっていう残念なケースがありますね。

裁判官から見た最近の若い代理人

中村　最近の若い代理人については、何かお感じになることはありませんか。

岡口　イソ弁は割としっかりしていますね。ソク独（注・弁護士登録後「即」独立開業する弁護士）の人は、やっぱり知らないことが多いんですよね。「えー」と思うようなことをときどきやってくる。この場面ではないでしょうというところで、鑑定の申立てをしてきたりとか。

中村　「それはアカンてえ」てなりますよね。

岡口　例えば、本来は売買とかで立てて、ダメだったら補充性のある不当利得で行くべき請求であるのに、最初から不当利得で来たりするんですよね。それは、イソ弁だったら多分しないんですよ。ボスが「いや、そういうのはしないんだよ」と言うから。

中村　私も最初の1～2年はかなり指導受けましたからね。電話での受け答えや相手方代理人との距離の取り方、「普通は弁護士相手に内容証明郵便を送ったりはしないものなんだ」といった細かいところまで。

岡口　でも、ソク独の人はわからないで、いきなり不当利得で立てちゃったりする。「この人は誰からも教えてもらっていないんだな」と感じますね。

中村　でも、そういったスキルの身についていない人でも仕事を取ってこられる時代になってるんですよ。多くの依頼者は依頼する前に弁護士の力量を判断する力がないので、弁護士とつながりがない人はネットの宣伝や広告の内容をもとに、「確かそうに見える人」「コストが安い人」に依頼します。だから、営業に力を入れていたら、出してるものはマズくてもとりあえず初回のお客さんは来るんですよ。あと、ソク独の人だと、これまではＯＪＴで自然と身につけられたところが身につかないまま出てきているという話はよく聞くようになりましたね。それって、自分の努力とか意気込みだけではいかんともし難いものなんだろうと思います。

岡口　勉強する方法がないですからね、どこかに書いてあればいいんでしょうが……。変な間違いをしててもボスがいれば、大体ボスが気がつくんですけど。ボスがいないから、裁判所が気がつくという感じですね。だから、私は「これはダメなんですよ」と、若い先生に教えちゃいます。業界全体で教えていかないとね。

中村　そうですね。弁護士もいろいろなスタイルの人がいますし、ソク独の人もイソ弁の人も、自分の近くだけじゃなくていろんな弁護士や裁判官の仕事ぶりを見てもらいたいですね。

岡口　ソク独の方は、無料相談会を開いたりとか、とにかくみんなあの手この手でやっていますけど。だからか、**とんでもない事件とかを持ってきちゃう**んですよね。今までだったら普通は訴訟を起こしていないような事件が、今いっぱい起きています。代理人の段階で、「こんなのはダメです」と言えないいんですよ。昔だったら代理人の段階でダメと言ってたから、裁判になっていないいんですね。そういう方は、あちこち弁護士を回るんですけど、最終的にソク独のところに行き着いて、そのソク独の先生が訴状を出してくるんですよね。

中村　ほかで「負ける」と言われ続けた事件を「勝てますよ」と言える先生は、ものすごくデキる人かものすごくデキない人かのどっちかですよ。

岡口　「先生、こんなのはダメでしょう」というのを起こしてくるんですよね。ただ、裁判所としては、「でも、この先生が生きていくためなんだから、しょうがない」と思ってね。これは普通起こさないでしょうという事件だから、もちろん全部負けるんですね。

中村 基本的には、そういう情報を新規の依頼者の方はつかまないで来るから、またどんどん事件は来ることになっちゃうんですけどね。

岡口 依頼者は喜んでいますよ。「全部断られたのに、この先生だけ受けてくれた」と、すごい感謝している。

中村 その依頼人にとっては、一つの解決なのかもしれませんね。

岡口 私の住んでいる地域はソク独が多いんですよ。あそこはソク独しやすいらしいんですね。駅ごとに1つひとつ事務所ができていったみたいな……。だから、先生方は本当に誰にも頼れないでやっています。某裁判所は若手の弁護士を集めて勉強会を始めたぐらいですよ。だから、破産管財人の関係とかは裁判所で企画して勉強会をしましょうと。

中村 先ほど岡口さんが言われた、若手の人に、「これはダメですよ」「これはこうするものじゃないですよ」と言うのは、どういう場面で言うんですかね。伝え方が難しくないですか。

岡口 **私は法廷ではっきり言いますけどね**。ただ、依頼者が横にいると言いにくいんですよ。

中村 そこは相手方としても配慮はしますね。相手方の依頼者に「うちの先生、なんか怒られている。大丈夫かな」と思わせてしまってもよくないでしょうし。相手方代理人の対応がマズいときでも、書面でそれを殊更に指摘して依頼者との亀裂を生じさせるようなことになると、和解の成否や事件解決までの時間に影響を及ぼすということもあります。相手方の動きのマズさにどう対応するかは、代理人としてのセンスが問われるところかなと感じています。

☑ 裁判官がやりやすい代理人

中村　こういう代理人だったらやりやすい、というのをお教えいただけますか。

岡口　まず、**紛争の全体像が把握できている人**。法曹の仕事は紛争をきっちりと解決してあげることだと思うので、周辺の紛争も含めて、この紛争を解決してあげるんだという気概のある人。裁判官と弁護士で協力して、この紛争を全体としていい形で終わらせる、それが我々の仕事なんだということを理解してくれている先生が一番いいですね。

中村　裁判所に訴状を放り込んだら、それでおしまいという形ではなくということですよね。

岡口　そうですね。紛争を解決しようという思いがあれば、自分の依頼者でもしっかり説得できるし。

中村　最近、依頼者を説得できない弁護士が多いとはいろんなところで聞くんですけど、その要因として岡口さんが感じられるものはありますか。

岡口　弁護士の増え過ぎが一つあるんですかね。「この先生に頼んでダメだったらほかの先生にお願いすればいい」とか思っちゃうんでしょうか。昔のように、その地方で有名な先生というステータスみたいのもなくなっている。それで、依頼者のほうも、昔のように、弁護士に一目置いていているという感じでなくなってきているんですかね。すぐ懲戒を申し立てられたりするので、なかなか依頼者に不利なことは言えなくて説得もできなくなっているんですよね。

中村 事件を見る目の質が落ちてきている、と感じられることはありますか。

岡口 ときどき感じます。法律解釈が違っちゃったり、組立てが全然違ってたりしていることもままあります。基本的な民法の理解が弱いのかなと思うこともあります。ちょっと応用編の事件処理になると、途端に「あれっ」という感じになってくるので。

中村 応用力がないというのは、旧試験のときでも、いきなり実務に出た人は最初なかなか難しかった部分があったと思うんですよ。今はＯＪＴとか、そういう実務についてからの訓練が足りないということなんですかね。

岡口 でも、基礎から考えていけばわかるので、やっぱり基礎だと思うんですよね。それに、ＯＪＴで民法の理解力をつけるというのはなかなか難しいですね。

中村 そうでしょうね。それをしていたら事件が回りませんもんね。

岡口 やはり基礎をしっかり固めるのは大事ですよね。

中村 そういう基本的な部分の欠落は、今の試験制度の影響を受けていると思われますか。

岡口 新司法試験は、始まってから10年ぐらいは、事務処理能力も見ようとする試験でした。そのため問題文がものすごい文量で、情報を全部取り込んでまとめるだけでもそれなりの時間を要したので、法律の素養はなくても事務処理能力が高い人が受かることもあったんですよ。今は旧司法試験のような民法に戻りつつあるので大分改善されてきたと思いますけど。

中村 事務処理能力は、法律学の基礎や基本とはまた別の能力ではありますね。

岡口 だから、ロースクールの先生が「何でこいつが受かるんだ?」と首を傾げるようなこともあったんですよね。

中村　書面は書けるけど、**内容がアレ**だということですか。

岡口　例えば、占有の承継があったら取得時効の完成はどうなるかとか、ちょっと応用編になっただけで、途端にぐちゃぐちゃになってしまう人もいます。

裁判官よ、外に出よう

中村　あと、「しょせん裁判官は世間知らずだ」という声も根強くあるじゃないですか。そこに対して何か反論、いや、それは一面で当たっているといったお気持ちはありますか。

岡口　世間知らずだと思いますよ。ただ、その事件の処理に必要な知識は、代理人が裁判官にわからせないと。**「この人はわかっていないな」と思ったら、ちゃんと資料を出すとか、初歩的なところから説明してあげるとか**ね。そうやって裁判官を育てていくぐらいの気持ちがあるとありがたいんですけどね。

中村　なるほど、逆の立場からですね。

岡口　大学を卒業して、早い人だと20代前半で裁判官になってしまいますから、世間を知る手段も時間もないんですよ。だから、世間知らずでもしようがないんです。なので、みんなで教えていくことが大事ですよね。

中村　裁判官が世間にもっと出ていくために、ここをもう少しこうしたらいいとか、具体的な何か提案とかはありますか?

岡口 「弁護士と会うな」「世間に出るな」という方針を変えるところから、ですかね。

中村 私、よく弁論準備手続で裁判官と会いますよ(笑)

岡口 事件以外の話です。

中村 そうですよね(笑)

岡口 「弁護士と会うな」と言われている趣旨は、もしその弁護士が事件で来たら、相手方から見れば、「あの先生とこの裁判官は仲がいいから……」とか思われて、公平性に疑義が生じるとか言うんですよね。だから、クラス会ぐらいはいいんだろうけど、個人的には一緒に飲まない。しかし、そうやって、自分たちでシャットアウトしちゃうと、法曹内部での自分の評価とかもわからなくなってしまう。事件の係属中にかかわりをもたないのはいいんですけど、そうでないなら、弁護士と会ったっていいんじゃないかと思います。

次に、「世間に出るな」と言う趣旨ですが、裁判官は大きな事件がダーッと来ることがあるので、サークル活動とかで責任あるポジションに就いたりとかは、確かにできないんですよね。「忙しいときは休んでもいいよ」ぐらいのところであれば、サークルとかも入っていいと思います。でも、今は世間的にも、若い人があまり外に出なくなっているんですかね。飲み屋とか行かないで、みんな割と家飲みとかして、スマホをいじっているみたいな……(笑)

中村 子どもの保護者会でも、公務員とだけ言って裁判官だとは言わない人が多いんですよね。

岡口 隠す人が多いみたいですよね。それから、世間での体験をいろいろするという点では、株を買ってみるとか、不動産を買ってみるとかね、意識的にいろいろやってみたらいいと思います。実体験があると印象が全然違うので。だから、意味がなくても人生経験だと思って、やってみるのがいい。実際に自分で登記とかをやってみると、全然イメージが違うんですよね。よく言われるのは、「車の運転をしたことがない裁判官は、交通事故の判断がちゃんとできないんじゃないか」とかね。実際、そんなことはないんですけど。でも、確かに、必要がなくても運転してみたほうがいいかもしれないですね。

中村　岡口さんは車の運転はされますか？

岡口　私は一応免許を持っていますね。

中村　昔、修習に入るとき、裁判官になったら免許を返上するみたいな噂があって。そしたら教官が、「いや、そんなことはないよ」と言って目の前で免許証を見せてくれましたけど、さすが、ゴールド免許証でしたね。そういうふうに見られることもありますね。

岡口　人身事故を起こすと、もうクビなんですよね。一人支部とかでクビになったりすると、周りは大迷惑ですから。

中村　なるほど。サークル活動してみたり、弁護士と話してみたり、いろいろ外のことを見てみることが裁判官としての資質を培うために必要だということですね。

岡口　「自分たちは世間を知らないんだから、いろいろ知ってみよう」という、そういう形の研鑽を意識的にしたほうがいいんじゃないですかね。

中村　以前、岡口さんがフェイスブックで載せておられたどなたかのエントリーで、「裁判官を

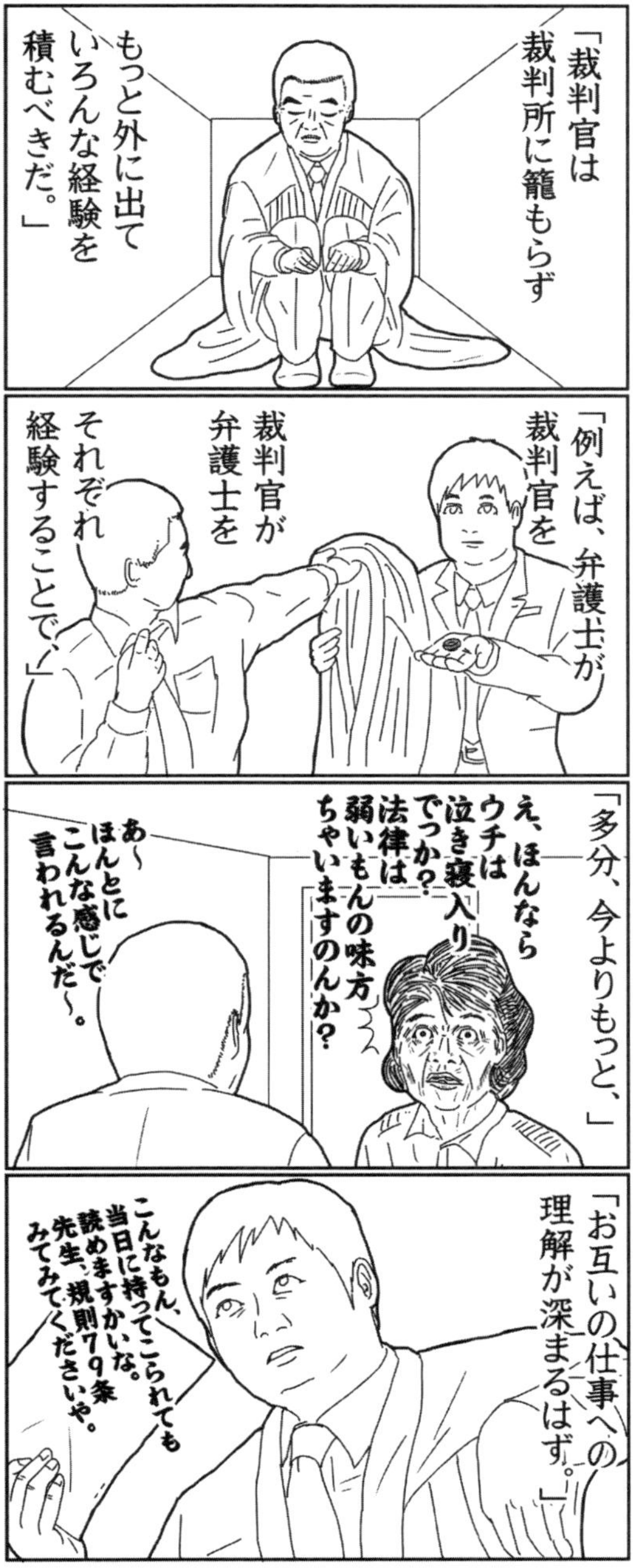
「裁判官は
裁判所に籠もらず
もっと外に出て
いろんな経験を
積むべきだ。」
「例えば、弁護士が
裁判官を
裁判官が
弁護士を
それぞれ
経験することで、」
「多分、今よりもっと、」
え、ほんなら
ウチは
泣き寝入り
でっか？
法律は
弱いもんの味方
ちゃいますのんか？
あ〜
ほんとに
こんな感じで
言われるんだ〜。
「お互いの仕事への
理解が深まるはず。」
こんなもん、
当日に持ってこられても
読めますかいな。
先生、規則79条
みてみてください。

辞めて弁護士になった人が刑事をやり出すと、身体拘束は許されへん、裁判所はおかしいみたいに、すごく熱心に活動される。弁護士から見たら、それを裁判所にいるときに、もっとやっておいてくれたらよかったのにという思いがある」と。今のお話を聞いて、なるほどなと思いました。

09

これからの民事訴訟を語らうこと

民事訴訟よ、どこへゆく。民事訴訟法改正の成果、AIの台頭、法曹の知的財産の保持。岡口さん、これからの展望はどうなるのでしょうか？

さ・て・と！
これからいったいどうなりますかね？
ん？
アンタがそれいうたらあかんやろ。

☑ 民事訴訟の質は今がピーク？

中村　今の民事訴訟が抱えている問題は、ずばり何だと思われますか。

岡口　民事訴訟は、おそらく今が一番よくて、多分これから悪くなるんですね。ベテランの先生方は、昔はよかったとか仰いますけど、必ずしもそうではなかったんです。平成8年の民訴法改正前よりは今のほうがいいと思いますよ。この改正前は、五月雨《さみだれ》審理でしたからね。争点整理も集中証拠調べもなくて、要するに、計画審理というものが行われていなかったんですよね。

弁論期日は、双方に書面を陳述させて、次回期日を決めるだけの繰り返し。大事件は、裁判官が判決を書こうとせずに、後継者にバトンタッチしてしまう。審理期間が10年、20年に及ぶものもあった。それが**平成8年民訴法改正で計画審理が導入されて、民事訴訟は劇的に合理的になった**んです。

その後も、残された問題と言われた専門訴訟の合理化が進められました。専門訴訟の審理の方法を専門部がしっかりと考えて、それをいろんな雑誌媒体に発表して、全国の裁判所でも専門部の手法が共有できるようになった。

だから、実は民事訴訟は、今のほうが昔よりも全然よくなっています。しかし、これからダメになってくる可能性がある。

なぜ今がピーク？

中村　もう少し詳しく教えてください。

岡口　今までは、法曹の知的財産である**要件事実**と**旧様式判決**にあらゆるものを集約してきたんですね。

ところが、法曹は、今それを自ら放棄しようとしているんです。それに代わるものが何かあればいいんですけど、代わるものをつくろうともしない。放棄してしまえば、そのまま忘れ去られるだけですよね。どうして放棄するのか、私にはまったく理解できない。

これは法曹に限らず、日本全体の問題です。もっとも、法曹が過去何十年にわたって蓄積した「智」の承継を怠り、これを失いかけていることを、法曹以外の方は知るよしもないでしょうが。

失われる旧様式判決

中村　民事の判決の「旧様式」と「新様式」について、具体的にどのような違いがあるのかを簡単にご説明いただけますか。

岡口　旧様式判決には、「当事者の主張」欄というのがあって、そこでは、生の事実を法的な観点から構成し直したものである要件事実を、請求原因、抗弁といった攻撃防御方法ごとに摘示していました。

そして、そこでは、例えば「相殺する」と摘示するのか、「相殺した」と摘示するのかといった細かなルールがいくつも定められていましたが、それは、実体法的及び訴訟法的観点から最も正確な要件事実の摘示をするためのものでした。

このようなルールをいくつも覚えて、リーガルな観点から最も正確な要件事実の摘示をすることは、**大変な知的労力を伴う作業**でした。とりわけ、訴訟物がいくつもあったり、攻撃防御方法が複雑であったりすると、ベテラン裁判官ですら、易々と起案することはできませんでした。

一方、新様式判決とは、旧様式判決の「当事者の主張」欄を廃止して、単に、その事件の争点について、双方当事者がどのような主張をしているのかを記載するだけにしたものです。これにより、**判決起案は劇的に簡単になった。**争点に関する当事者の主張の記載は、訴状や答弁書等の電子データをコピペすれば、それで完成してしまうからです。

中村　なるほど、縦書き時代の判決を旧様式と言うのかと思っていました。

では、旧様式判決がなくなっていくことについて、どのような危機感をおもちなのでしょうか。

岡口　旧様式判決の「当事者の主張」欄がちゃんと書けるかどうかは裁判官にとって極めて重要な資質なんですよ。

旧様式判決の「当事者の主張」欄は、さまざまな「智」が集約されているんです。そこに民事事件を処理する上で重要な、あらゆるものが入っている。

昔の司法修習生は、裁判官になる人だけじゃなくて弁護士になる人も、みんな、2年間みっちりと旧様式判決の起案の練習をしたので、ちゃんと書けるんですよね。

消えゆく要件事実教育

中村　なるほど。要件事実についてはいかがですか。

岡口　「要件事実だったらロースクールでやっているじゃないか」と思いがちですよね。

でも、実務家に必要とされているのはそのレベルではなくて、どんなに訴訟物や攻撃防御方法が複雑になっても、**正確に旧様式判決の「当事者の主張」欄が書けるという意味での要件事実教育**なんですよね。

昔は、司法修習の２年間は旧様式判決の起案がメインであり、そればかりやってたくらいなんです。今は、それがないまま法曹になる。今の司法修習では旧様式判決の起案をしていないからです。それによる問題があまり顕在化していないのは、昔の人たちがまだたくさん残っているからなんです。

物理に例えると、高校で物理を学ばなかった人が理系の大学に入った後に、独学で高校物理を学ぼうとしても、なかなかこれが独学では難しくて。結局はほとんどの人が途中で挫折してしまう。それと似たところがあって、２年間の旧様式判決の起案の演習は、司法修習中にやらなきゃダメなんですよね。実務に出てから独学でやろうと思っても、時間もないし、独学ではよくわからない。

中村　旧様式判決は裁判官にとって重要なことは間違いないと思うんですけど、弁護士にも当てはまることなんでしょうか。

岡口　もちろんですね。生の事実をそのまま記載するのでは素人と同じです。**法曹の法曹たるゆえんは、それを法的な観点から再構成して、要件事実として摘示することができること**だからです。

訴訟物が何であるか、それが複数である場合はその関係はどうなっているのか、そして、訴訟物ごとに、その攻撃防御方法の要件事実は何か。それを、リーガルな観点から最も正確に摘示することができるのがまさに法曹に求められている能力です。こういう能力が不要で、単に法律の知識があればいいというだけであれば、**法曹は、すぐに、AIにとって代わられてしまう**でしょう。

このような摘示が、正確かつ迅速にできるようになるための教育が従来の要件事実教育なんです。昔の司法修習生は、「相殺する」なのか「相殺した」なのかという細かなルールまで、2年間みっちりと旧様式判決の起案をすることで、完全に体得していったんです。

中村　要件事実教育を十分に受けていないのは代理人だけでなく、書面の読み手である裁判官もなんですかね。

岡口　代理人も裁判官も、みんなですよね。とりわけ、予備試験で合格した人は、ロースクールにも行っていないわけです。つまり、予備試験合格者は、要件事実教育を1回も受けずに裁判官になるわけです。

中村　ロースクールを出ているかどうかは違いとして大きいんでしょうか？

岡口　ロースクールでは、一応、要件事実教育の「さわり」のようなことはしますからね。ただ、ロースクールも、最近は、要件事実教育に昔ほど関心を示していません。最近の司法試験は、要件事実をあまり意識しなくなっていて、要件事実を勉強していなくても合格できてしまう。

そして、裁判官になったらそういう特別な教育を受けるのかというと、そういうのもまっ

たくないんですよね。旧様式判決起案の演習を経ていない人たちが法曹になりつつあること
が、一体どのように影響を及ぼすのか……。その弊害は多分これから出てくるんじゃないか
と思うんですね。そうなったのは最近、ここ5年ぐらいですから、まだ表立って弊害は出て
きていないんです。

司法修習を昔のカリキュラムに戻すのが一番いいんですけど、戻らないでしょうね。少な
くとも私が生きている間は戻らないと思います。

中村　（ということは、あと50年くらいといったところ……？）

今の司法修習は、導入修習のようなものが最初ちょっとあるんですが、それが終わるとい
きなり実務に放り出されて、最後は試験をするためだけにまた集合修習があるということで
すかね。

岡口　ええ。

中村　前期の3カ月、後期の3カ月――我々の頃は合計6カ月だったんですけど、それなりに
重要で、意味があったということですね。

岡口　そうなんですよ。新任判事補には旧様式判決で起案させるようにして、せめて裁判官に
なる人は旧様式判決の起案ができるようになってほしいですね。

要件事実教育の担い手やいかに

中村 もう3年ぐらい前になるんですけど、大阪弁護士会のある会派での研修会（平成25年12月、法友倶楽部主催『要件事実やらないか』）のときに、岡口さんが「要件事実教育の担い手をどうするか」と言っておられたのが私にはすごく印象にあるんですけど、今はそこはどういう答えになるんでしょうか。

岡口 あのときは、要件事実教育という一つの知的財産を法曹は放棄してしまっているので、大学が受け継げばいいんじゃないかという話をしました。でも、大学は大学でその気がないので、多分このまま消滅するんですよ。

中村 大学の学部という趣旨ですか、それとも、ロースクールですか？

岡口 ロースクールじゃ無理ですかね。やっぱり大学の法学部でしょうね。ただ、実務的なスキルの話なので。これを保存しなきゃいけないというふうに学者が思わないのでしょう。

中村 ……。そうですよね（よくわかってない）。

岡口 学者にはまったく無関係な話なんですけど、この実務のスキルというのは一つの知的財産なんですよ。それが今、消滅しようとしている。

中村 それはなぜでしょう。その点について裁判所は、危機感をもたないものなんですかね。

岡口 もってほしいんですけどね。まだ顕在化していないんです。上の人たちは実は、今、司法研修所でどういう教育をしているか知らないんです。上の人たちは、自分たちのときと同じように要件事実教育をやっていると思っていますよ。

中村　本当にものすごくとんちんかんな事件処理や判決を、高裁でも是正できないようになるというのが、それこそ10年後とかに現実になってくるんじゃないかということですか。

岡口　ええ。高裁でも是正されず、間違っていることが誰にもわからないまま事件が終わっていくという時代になっていくんじゃないですか。

☑ 専門訴訟の課題

中村　今の民事訴訟の問題で、ほかに特に気になるところはないですか？

岡口　やはり、専門訴訟ですね。

先ほど少しお話ししましたが、東京・大阪の専門部の意欲的な裁判官たちによって、専門訴訟の合理化が急ピッチで進みました。医療訴訟、建築訴訟などは、昔とは比較にならないくらい、審理の合理化が進んで、専門家の知見を取り入れた正しい判断ができるようになっています。

しかし、専門部のない中小の裁判所では、相変わらず、昔ながらの審理が行われていて、これは、残された大きな問題かもしれません。専門委員を使った経験のない裁判官は、慣れていないから、専門委員を使おうとも考えないんですよね。

中村　大阪地裁のように大きなところでは、専門委員が大活躍していますけどね。

岡口　そうなんですよね。**専門訴訟は、都市と田舎で、適正な裁判を受ける権利の格差が生じている気がします**。

専門家を関与させずに裁判官が一人で、専門的ではない判断をしてしまう。建築訴訟や医療訴訟は、訴額も大きいということもあって、丁寧に審理をして、適正な判断をすべきなんですけどね。

マニュアル化とAI

岡口　今は事件処理のマニュアル本がたくさんある。こうしたマニュアル化の弊害として、マニュアルに載っていることであれば完璧な処理ができるけど、そこから外れたらもう何もできないという問題が出始めています。マニュアルに書けない実務の知恵もあるので。

マニュアルがなかった時代は何でも自分で勉強したから、とんでもなく詳しい書記官とかもいたんですけど、今はそういう人はいない。

中村　それは裁判官も弁護士もですか。

岡口　裁判官ですね。弁護士はわからないです。いろんなマニュアルができるのはいいんですけど、結局、そこに書いてあることをただ当てはめるだけの人たちになってしまうんですよ。そうなると、単純な事件では、裁判官はＡＩでもいいのではないかという話になるわけです。

中村　聞きたかったんですけど、今後、ＡＩは日本の裁判でどういう使われ方をしていくと思われますか。

岡口　いや、しばらくは使われないでしょうね。

中村　……（いきなり話が終わってしまった）。

岡口　平成7年に裁判所にパソコンが入ったんですが、それ以来、法曹界でのＩＴの進化がまったく進まない。昔ながらの仕事の仕方でできてしまうので、それをやめようとしないんですよね。

韓国とかシンガポールとか諸外国はどんどん進んでいますが、日本はまったく進まない。だから、ＡＩの導入なんか遠い未来だと思いますけど。

中村　使われるとしたら特に東京の大手とかの弁護士事務所で、例えば判例分析であるとか、類似例とかを検索するとかですかね。

岡口　今は、判例検索の会社は日本国内にいくつもありますが、いずれは外資系の2社に集約されていくのではないかとの予想もあるようです。そこは資力もありますし、アメリカでは既にＡＩを導入していますから、日本でもそこがＡＩを導入するかもしれませんね。

中村　ＡＩの利用の仕方というのは、書面を書けるレベルですか。

岡口　定型的な裁判文書を作るだけであれば、ＡＩなんかなくても、今のＩＴ技術で全然できますからね。もっとも、今の日本の法曹界は、そこにまでもまだ到達していないのですが。

とりあえず、ＩＴで定型文書の自動作成をするようになって、その次の段階、非定型の文

話聞いてると、どうやらこれからの民事訴訟は決して楽観視できる状況じゃなさそうだ…。
でも、大昔の実務から考えると
今は知識や解決方法の面でも業務のマネジメントの面でも、昔よりずっときっと法曹界全体が良くなっているはず。
(知らんけど)
大切なのは今ある法曹の「資産」を守りつつその深化や次代への継承を図っていくこと、
我々在野の法曹一人一人がその意識を持って具体的な一歩を踏み出すことだ。
ぐっ
先生、すごいわ。それで先生は、まずなにから始めるの？
う～ん、まぁぼちぼち考えるよ。おつかれさま～。

書を作成することができるというのが、ＡＩの真骨頂になるでしょうね。

私は今、保全マニュアル、非訟マニュアルなど、一連のマニュアルシリーズの執筆を続けていますが、これが完成したら、次に法曹のＩＴ化を進めたいと思っているんです。

平成７年に裁判所にパソコンが導入されてから、既に22年。法曹のＩＴ化がここまで進まないとは、夢にも思っていませんでしたが、今現在もこれをやろうとする法曹は一人もいませんからね。私にとって、これからの民事訴訟のために一番取り組んでいきたいところです。

おまけ

裁判官！岡口さんのこと、教えて！

ここからは「裁判官！」ではなく「岡口さん！」に聞いてみたい！　みんなが気になる、パーソナルな質問をあれこれ盛り合わせました。

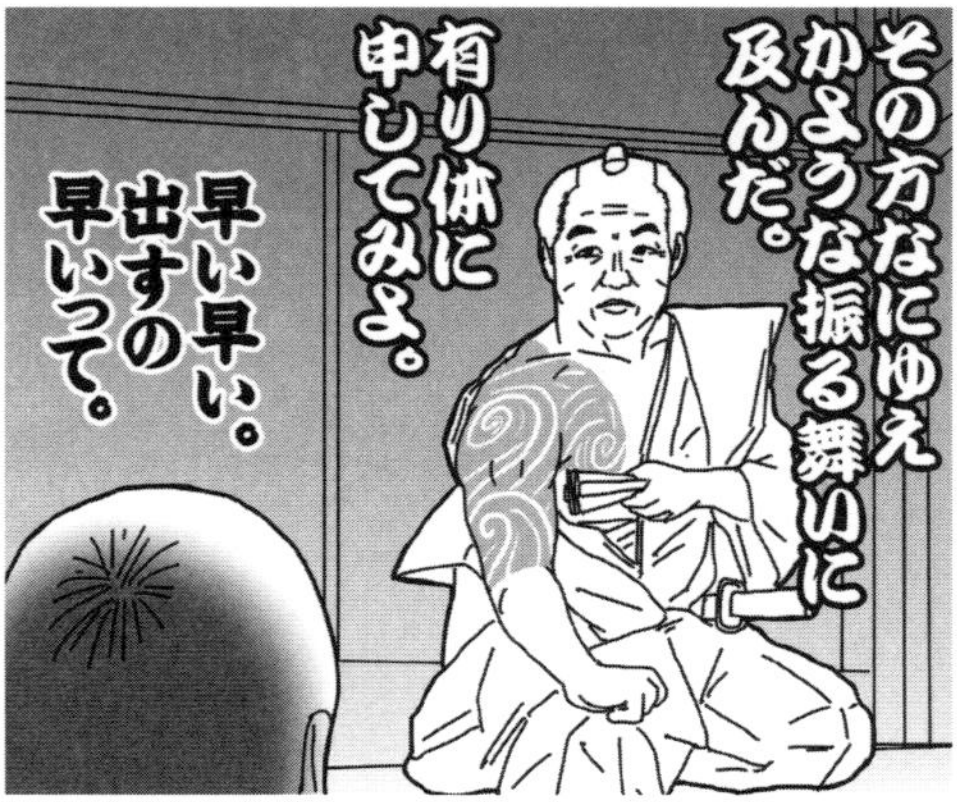

同業者との距離感

中村　岡口さんは業界に知り合いも多いかと思うんですけど、同業者との距離のとり方で工夫されていることや気をつけていらっしゃることはありますか。

岡口　私は基本的にどんどん会う系なんですよ。ただ、同じ事件にかかわっていると、その間は接触を避けないといけない。

例えば、自分が担当している事件の代理人の先生と、個人的な面識やＳＮＳでのつながりがあったとしても、事件が係属している間は一切連絡はしませんし、連絡が来ても応えません。事件をやっている最中に、それに応えたらダメですよね。だから、連絡してくるほうもどうかと思っているんですけど。

中村　確かにそれはそうですね。「やりにくくなったら嫌だから」と言って、弁護士同士もそこは結構気にします。「今、事件にかかわっているから、しばらくは仕事以外でも会ったりするのは断ちましょう」と言われたことはあります。弁護士会の会務で顔を合わせることはありますけど、お互いやりにくいですから、事件の関係の話はしないのが普通ですかね。私も、今もし仮に岡口さんの部に事件がかかわっていたら、会いにくいですもんね。

岡口　終わるまでは来れないですよ。終わったらいいんですけどね。

中村　一生ないと思いますよ（笑）。代理人同士も、お互い依頼者を連れているときは、法廷ではそんなに仲よくしないようにしますね。

ところで、同期での集まりって今でもよくあるんですか?

岡口　裁判官だけの同期会は年3回ぐらい。私の期はおそらく一番多くて、逆に、やっていない期は全然やっていない。それは、幹事役になるような中心人物がいるかどうかなんですよね。それがいればやっているし、いない期は全然やっていないですね。

中村　検察官とは特につき合いとかはないんですか?

岡口　今はまったくないと思います。昔、飲みニケーションの時代は、検察庁と刑事裁判官って結構一緒に飲んでいたんですよ。もう、今はそういうのはまずないですね。多分飲みニケーションがなくなったから、なくなっただけなんですけどね。

中村　検察官の同期と会うのは、同期会とかみんなで集まるときだけなんですか?

岡口　そうですね。ほとんどないですけど。修習期の10周年とか20周年とか、そのときだけです。とりわけ私は民事系だから、接点がないですよね。

中村　そうですよね。今の若い人たちが、裁判官と弁護士・検察官で、こういうつき合い方をしたらいいんじゃないか、というのはありますかね。

岡口　ええ、**気にしないで、裁判官も弁護士も検察官もみんなで飲んだらいいんじゃないですかね**。ただ、今の人たちは、裁判官同士でもあまり飲まないし、そもそも飲み会というものをあまりしなくなっていますよね。社会全体がそうなっている気もしますが、そうでもないのかな。

中村　弁護士は、何でも理由をつけてしょっちゅう飲んでいますけどね。会合・会派・委員会もありますから。

岡口　まだ飲みニケーションが残っているんですね。

中村　そうですね。そうは言っても若い人は、委員会もあまり出てこないですね。仕事につながる研修はよく出てくるんですけど。それよりは、異業種交流会だとか相談会とかに熱心な人が多いんじゃないかなと思います。

知られざる裁判所の飲み会

中村　例えば、暑気払いとか、同業者と飲むのは年に何回かあるわけですよね。裁判所では、それはないんですか。

岡口　裁判官は、部の飲み会と、あとは裁判所全体の飲み会ですね。忘年会・歓迎会・送別会。だから、年6～7回ぐらいですかね。昔と比べると、本当に減りました。

中村　そこでは、どういう会話が繰り広げられているんですかね。

岡口　大きな裁判所の全体の飲み会では、ほかの部の人と初めて会ったりするので、まず話す人がいないんですよ。共通の話題もないしね。かといって、いつも一緒にいる同じ部の人と飲んでも仕方がない。だから、ずっと1人で飲んで、誰とも話せなくて終わる人もいますね。

中村　つらいな。

岡口　それぐらい今、内部の人間関係が希薄になっています。

中村　今、裁判官は、名刺は作っていないんですか。

岡口　いや、一応作りますよ。

中村　判事とか書いてあるんですか。

岡口　そうですね。裁判員裁判のマークが入っているんです。でも今、作っても配る場所がないんですよ。自分も今回作りませんでしたけど。だから、作らない人が増えているんじゃないですかね。

中村　裁判官の名刺は連絡先が載ってないんですよね。肩書と名前だけ。研修所の教官の見せてくれた名刺がそうだったんですよ。「判事　誰々」とそれだけ。で、教官が「判事だけに、判じ物みたいでしょう」と言われましてね。みんながワッと笑ったんで、私も笑ったんですが、恥ずかしいことに私そのとき「判じ物」っていう言葉を知らなかったんですよ。私、そのときから協調性はありましたね（注：「判じ物」とは、文字や絵を使ったなぞなぞの一種のこと）。

この仕事はここがつらいよ

中村　裁判官の仕事のストレスはどんなところにありますか。

岡口　**裁判官というのはあまりストレスがない**んですよ。その証拠に、裁判官はあまり顔が老けない。大学教授もそうらしいんですね。裁判官と大学教授はなぜ顔が老けないかというと、精神的な苦労がないから。その二者は、いつまでも若い顔をしていますよ。

一番のストレスは、やっぱり裁判所内部での関係ですかね。組織の中でいかに粗相のないようにするかが大きな行動原理になっています。組織の中で評価されることで自分の承認欲求を満たしていますから。

中村　そこは目標でもあり、ストレスの原因でもあるという感じなんですかね。

岡口　ええ。あとは、モンスター的な当事者対応ですよね。

~~裁判官！~~　岡口さんのこと、教えて！

普段は、裁判官はものすごく守られているので、実際困るのは法廷だけなのですが、裁判官はガーガー言われるのに慣れていないので、そういう人の事件の法廷で大変な思いをすると、もう嫌になっちゃう。だから、モンスター的な当事者の訴訟のときには、ストレスになる人が多いんじゃないですかね。

中村　その当事者には、代理人も含まれているんですかね。

岡口　昔はガンガン言う先生がいましたよね。

中村　結構いますよね。逆に、弁護士のストレスはどんなところにあると思われます？

岡口　弁護士さんの仕事は、私にはできないだろうなと思っています。まず仕事がとれないだろうなと。どうやって仕事をとっているんですか？

中村　大きめの交差点で名刺を配り続けるんです。

岡口　本当ですか。

中村　嘘ですよ（笑）。**事件処理の結果が新しい事件受任につながる**、という部分は大きいですね。だから一件一件が大事なんです。

岡口　あと、モンスター的な当事者にもろに対応しなければならないから、変な処理をしてしまうとずっとつきまとわれる。下手をしたら一生ですよね。ときどき見ますよ。そういうのを見ていると、本当に弁護士さんってすごいと思う。そのリスクから自分を守らなければならないという問題もあるし、最初から問題がありそうな人は受けずに断るんでしょうけどね。私には弁護士の仕事は無理だな。

中村　たしか司法研修所の検察教官の方は、どうも修習をやっても自分でお金をとれる自信がなかったと言われていましたけどね。

今は確かにそうですね。お金のとり方もそうですし、仕事のとり方というのはやっぱりいろいろありますからね。バーッと儲かっているところもあれば、来月どうしようというところもありますから。仕事のとり方をどうするかは、一つの新しいストレスになっていると思うんですよね。

モンスター的な当事者・事件関係者の問題は、どこの弁護士でもそれなりにあると思います。弁護士が増えたから。「ほかの先生が、これはできると言うたよ」と言って、いろいろ回って一番安いところを探してくる。まず、安いかどうかがすごく大きな判断基準になってます。そうなると、それ以外に価値を提示できないと、仕事の成果に対してもすごく不満を持たれてしまうので、やりにくいなというのはあります。

でも、我々弁護士は断れますから。「ややこしい案件はどんどん断らないといけない」という話にもなっています。その意味で言うと、来た事件を断れない裁判所はなかなかつらいのかな、という気はするんですけどね。

ポストの問題

中村　裁判官のストレスとして、内部での承認欲求があるということなんですけど、例えば、同期より出世が遅れていることがストレスになったりということですか。

岡口　ええ、みんなそこを一番気にしていますからね。承認欲求を満たしてくれる人が裁判所村の内部にしかいないなんです。みんなをうならせるような名判決を書いて、それが業界人から高く評価されることで承認欲求が満たされるということもなくなっています。「この裁判官の判決はどれもすばらしい」と言われた裁判官は昔はそこそこいましたが、今は名前が出てきません。

中村　弁護士と違い、報酬という部分での評価がないわけですしね。

岡口　瀬木さんの一番新しい本※に、裁判官がもっと世間に出たり、また別の自分が属する集団ができたりすれば、その中で承認欲求を満たせる。「そういう形でもっと分散化すれば、偏らなくていいんじゃないの」ということが書かれていて。しかし、瀬木さんは、引退してからそれがわかったと書かれていましたね。

中村　中にいると、なかなかそう気づくのは難しいのかもしれないですね。

☑これだからこの仕事はやめられない

中村　逆のパターンで、どんなときに仕事の楽しみを感じますか。

※　瀬木比呂志『裁判所の正体―法服を着た役人たち―』（新潮社、２０１７年）

岡口　弁護士も裁判官もそうですけど、「紛争解決のお手伝いをしましょう」という仕事なので、**「紛争がきれいに解決できたとき」**ですかね。判決を書けば事件は簡単に終わるんですけど、そうではなくて。いろんな周辺事情まで含めて双方当事者の代理人と話し合って全部片づけて、一つにまとまると、それは私もうれしいし、代理人の先生もすごく満足だし。昔はそういうのをみんな喜びにしていたんですけど、今はもう、そういう雰囲気もなくなってきている感じはしますね。

中村　自分でも満足できる形で、難事件をうまく方向付けて処理できたときは、確かに達成感は大きいように思えますね。

岡口　法曹がＡＩにとってかわられないためにも、単に書面を書くだけでなく、しっかりと紛争解決ができるようになりたいですよね。

「被害者を助ける」なかれ

中村　被害者を助けたということに仕事の喜びを感じることはありますか。

岡口　そういうことに喜びを感じる裁判官もいらっしゃるかもしれません。しかし、私は、あまりそういう視点では考えないで、その紛争を解決するというスタンスで臨むようにしています。

中村　被害者を助ける裁判官、そこだけ聞くとよさそうに思えるのですが、そうではない？

岡口　**そういう人は大抵間違える**んですよ。被害者を何とか助けなきゃと思っちゃうので、どっちかを被害者と決めちゃうんですよね。でも、実はその人は被害者じゃないかもしれない。だって、両方が自分は被害者だと言っていたりするんですから。

中村　裁判官は、事件から一歩引いて冷静に見られなければいけないということですね。

岡口　両方いろいろ言い分はあるんだから、要するに両方が被害者なんですよね。それぞれお互いに不満な点はあるんだけど、おさめて、全体として解決する。そこを目指して、代理人の先生方と一緒にやって、渋々でもみんな納得してくれたら、すごく満足感がありますけどね。

☑ 岡口さんはどうして裁判官に？

中村　では、岡口さんの裁判官としての喜びは、全体としての紛争の解決ということですか。

岡口　そうですね。とりあえず、みんな矛をおさめてくれて、それぞれ渋々なんですけど、一応話がまとまれば、その人たちは、**その紛争から解放されて、次の新しいことに進んでいける**わけです。

中村　岡口さんが、裁判官を目指されたのも、そういう思いからだったんですか。

岡口　いや。ほかのみなさんもそういうことは考えていないと思いますよ。だって、みんな、**大学生の頃なんて何も考えていませんよ（笑）**。

中村　でも、司法試験を受けて裁判官になってというのは、そのときどきでそういうふうに進もうという思いがそれなりにあったからなんですよね。

岡口　いや。

中村　裁判官は何となくなんですか。

岡口　**つぶしが効くと思ったんですよ**。弁護士は後でなれるし。

中村　ステキです。

岡口　誰か言っていましたけど、「何もやっていない段階で自分の人生を決めちゃダメだ。ちょっとやってみてから決めたほうがいい」「何もその仕事のことを知らないくせに、自分はこれを目指しているなんて言っていても、それは違うんだ。だから、やってみて、これは自分は行けると思ったら、それに行けばいいんじゃないか」と。

中村　そういう、少しやってみたらいいじゃないかっていう姿勢って自分の可能性を探る上で重要だと思うんですよね。でも今の若い人は少し大げさに考えすぎて守りに入ってしまっているところがあるような気がします。業界の状況が冒険できなくさせているのかも知れませんが。

ところで、岡口さんは、法学という分野に目を向けられるきっかけになった出来事とか、あるいは作品とか、そういったものはありますか。

岡口　みなさんそういうのはあるんですか。

中村　私はあります。私は、もともと刑事の裁判官になりたくて。トム・クルーズの映画で『ア・フュー・グッドメン』（アメリカ、１９９２年）ってご存じですかね。刑事弁護人の話なんですけど、それがきっかけで弁護士になりたいなと思った。実際、私はあまり刑事はやっていないんですけど。そういうのはなかったですか。

岡口　いや。**本当に何も考えていなかった**ですね。

中村　例えば、もともとご家族に法曹関係者がおられたとかでもない？

岡口　いないです。父親は牧師ですから。でも、日本のクリスチャンの方々って、おそらく、世界で唯一、人間はみんな平等だと思っているんですよ。欧米のクリスチャンは、人間が平等だなんて実際には思っていなくて、上流階級もいればそうでないのも両方いるんだと。そういう階級社会で育っていて、人間が平等だとか誰も信じていない。

他方、日本のクリスチャンは、人間は平等だと、本当に信じているんですよ。すごい稀有な人たちなんです。私はそういう親に育てられたので、そういう発想なんですよね。その意味で、裁判官には向いていると思います。大企業の重役の証言は信用できるが、ホームレスの証言は信用できない。無意識の領域でもそういう感覚があれば、それは事実認定に微妙に影響して、事実認定を誤るおそれがあるからです。

☑ 書籍の執筆はいつどうやって？

中村　書籍の執筆はどういう時間帯にしていますか？　あれだけの本をどうやって書いているのか、という意味なんですけど。

岡口　マニュアル系の本は、全然書く時間をとっていません。情報の積み重ねですから、新しい情報をどんどん追加していっているだけなんです。裁判官室の回覧雑誌の目次を見て、マニュアルに追加すべき情報をセレクトし、そこだけ本文のコピーをとって、それを帰りの電車の中で読んで、そのエッセンスだけを家でパソコンにメモっておく。その集大成がマニュアルなので、これらの本に関してはそれ以上の時間をとっていないというわけです。

ただ、ほかの本や雑誌の連載は、さすがにそういうわけにはいかないので、土日の空いた時間を利用しています。裁判官は、土日に時間があるから何か地域のサークルの幹事になったりとか、そういうのはできないんですよね。それをやると、大きな事件が来たときに土日がつぶれることがあるので、対応できないんです。だから、土日は常に空けておかなきゃいけない。そうすると、土日には、やってもやらなくてもいいことをやるのが一番ですね。そう考えると、やっぱり本を書くのが一番いい。

中村　なるほど。あと、家族との時間は、本を書く時間とぶつかったりはしないんですか。

岡口　まあ、それは家族を優先して、それでも、まだ時間が空けば本を書きますね。でも、裁判官はそんな忙しくないですよ。

中村　そうなんだ。

岡口　本は書けば書くほど早く、うまくなっていくので、みなさん、まず、何でもいいので1冊本を出してみるといいですよ。原稿依頼とかも、絶対断らないでやったほうがいい。

岡口流の情報収集術

中村　情報収集の方法についてもすごく気になっています。裁判官室の回覧雑誌を見てマークしておくと伺っていましたけれども、1日何誌ぐらい目を通されているんですか。

岡口　あれは月刊だから、そんなにには来ないですよね。月に10冊ぐらいですかね。目を通すのにそんな時間はかからないです。

中村　ニュースにもすごく感度が高くていらっしゃいますけど。どうやって毎日チェックされていますか。

岡口　フェイスブックで友達が何千人もいるので、みなさんがアップしているのを拾っているだけです。みんなが何回も「いいね!」とか押したものは上がってくるので、上のほうを見ていると、その日、みんなが話題にしたことが全部わかっちゃうんです。これは友達がたくさんいることによるメリットですね。みなさん友達限定で、ちょっとよそで言えないようなこととか載せているんですが、私はそれが全部読めちゃうんです。

中村　フェイスブックがかなり重要な情報収集源というわけですね。

岡口　今はそうなっています。昔からはてなアンテナを使っていて、これは、著名ブログが更新されていたら、更新された部分だけ載るんですね。なので、一応ざっとはてなアンテナの情報は見て、あとはフェイスブックです。その2本立てですかね。

中村 ちなみに、はてなアンテナでは、どういうブログやサイトをマークされているんですか。

岡口 いろいろなまとめサイトをはてなアンテナに入れています。まとめサイトで集約された新着情報だけをはてなアンテナで拾って、私がさらにそれを集約する感じです。

中村 まとめサイトって、2ちゃんねるのまとめサイトですか。

岡口 それ以外にも、その分野のその日にあった情報だけをまとめてくれるサイトって、たくさんありますよ。それらの更新情報を一覧で見る感じです。本当に数分で見れるので。

中村 岡口さんはスマホを使われないじゃないですか。何を使って見ているんですか。

岡口 パソコンで見ていますけど。

中村 移動時間に開いて見たり?

岡口 いやいや、家と職場でですよ。私は、朝起きたときと昼休みと、あと家に帰ったときと寝る前の4回以外はやらない。私は、スマホいじりばっかりやらないようにしようとみなさんに訴えているぐらいなので。

中村 じゃあ、発信も、タイマーをかけて万遍なく行くようにされているのかなとか思っていたんですけど、そういうわけじゃないんですね。

岡口 ええ、その1日4回で、それもそんな時間を使わないですよ。はてなアンテナとかで一覧できちゃうので、いくつか情報を拾って。そして、自分のツイッターやフェイスブックには、無駄な情報は載せないというのが基本ですね。
だから、面白い情報がないときは載せないんですよ。無駄な情報が多くなるとみんなが見てくれなくなるので、とにかく情報は厳選する。「この人が載せている情報は、絶対見る価値がある」と思ってくれないと、リピーターになってもらえないので。

SNSとのつきあい方

中村　情報発信の話が出たところで、裁判所の中で、SNSの発信に関して内々に規制とかあったりするんですか? なにかお達しとして回ってくるとか。

岡口　最高裁は、裁判所職員のSNSの利用について指針を出していますけど。それはもちろん表向きですから、非常にもっともなことしか書いていなくて。例えば、事件のことで知り得たことを漏らしてはいけないとか、そういう一般論だけですよね。

中村　アカウントをもっていらっしゃる方もいるのでしょうけど、みなさんきっと匿名で、素性がわからないようにしてやっていらっしゃるんですかね。

岡口　フェイスブックは、実名でやっている裁判官が実は結構いるんです。SNSは新しいものなので、「やってはならない」という前例がなかったんですよね。だから、その間隙を縫って。

中村　ああ、そうなんですか。

岡口　ええ。だんだんなし崩し的に、「SNSはやっても大丈夫かな」みたいになってきている。最近になって、最高裁もフェイスブックを始めています。

中村　えっ、アカウントをもってるんですか。

岡口　職員採用だけなんですけど。

中村　そんなのがあるんですね。

岡口　ツイッターのほうは、さすがに実名ではなくて、みなさん名前を変えてやっていますけど。でも、相当の数の裁判官がやっています。それは正確には把握できないです、名前を変えちゃっているから。

中村　でも、見ていたら、「この人が中の人やな」というのはわかったりするんですか。

岡口　お互いはわかっています。教え合ったりしているので。そこについて、当局は、もうあだこうだ言わない。言わない理由は、前例がないからなんです。

中村　じゃあ、ツイッターを実名でされているのって岡口さんだけですかね。

岡口　ええ。おそらく。

中村　でも、だけというのもすごいですよね。1つの職業の中でお1人というのも。話を聞いて思ったんですけど、和解率7割というのは、SNSを通じていろいろな方が岡口さんのことを知っているというのもあるんじゃないんですか。

岡口　あるのかもしれませんね。

中村　でしょうね。だって、岡口さんだからという話で和解が進めやすくなったりとか、受け止め方が違ったりは当然あるわけじゃないですか。それは、人にもよるんでしょうけどね。

岡口　ただ、私は仕事への影響というのは、極力ないほうがいいと思っていて。一応そこは完全に切り離しているつもりなんです。SNS上はオフの自分なので、仕事中とは別人ということで。職業も明かしていないんです。

司法試験は4回め

中村　若い知人から預かってきた質問なのですが、司法試験に向けて、岡口さんから勉強法とか有益なツールについてのアドバイスがあったら、ぜひ教えていただきたいということです。

岡口　最近のことはわからないですよね。私は、まず**簡単な本で全体像をつかんで、過去問に入るのが一番早い**と思いますけど。そうして**試験の傾向をつかんでから基本書に入る。**

お金を出して予備校へ行ってる人って結構すぐ受かっちゃいますもんね。だから、しょせんその程度のレベルの試験なんですよ。ただ、わかりにくいんですよね。とっつきにくいし、言葉もよくわからない。だから、独学でやると、どうしても時間がかかっちゃう。

中村　新司法試験のための家庭教師みたいなのがニュースで出ましたね。旧司法試験を受かったベテランの人が家庭教師に来てくれるって、**それがええのかどうか**とは思いましたけどね。ベテランという言葉が、ネガティブな意味で使われていた業界ですので（笑）。よう考えるなと思って。

あと、どこかの事務所が若手の弁護士のために家庭教師みたいのをするって言っていましたね。それがその後どうなったのかは、全然わからないですけれども。

岡口　それは有償でビジネスとしてですよね。

中村　そうそう。下請みたいなものなのか、よくわからないですけど、とにかく事件処理能力がない人に対して、フィー（注・費用）をとって手伝いますよという。それっていろいろクリアしないといけない問題があるんじゃないのかな、と思いますね。

岡口　法曹人口が増えたから、内部的なビジネスが成り立つようになってきたんですね。

中村　そうですね。私も同業者向けのLINEスタンプ売ってるから似たようなものかもしれませんね。勉強法というところでもう一つ。具体的なテクニックとかではなくて、切り換えの仕方とかモチベーションの保ち方で、何かされていたことってありますか。

岡口　いや、私は結構だらだらやっていて、受かったのも遅かったので、あまり言えないんですよ。私が受かったのは大学7年生のときかな。

中村　そうなんですか。

岡口　ええ。ただ、親の仕送りがなかったので自活していました。子どもたちを私の家に呼んで私塾を開いて、それで生活していたので、その空いた時間に勉強した。でも、そういう追い詰められた環境にあったのは結構よかったのかもしれません。

中村　自由にならない時間が、ある程度固定されている環境のほうが……。

岡口　追い込んでというのがいいんじゃないですか、そこですごく集中してやるしかないので。生きていくことに必死でしたからね。

中村　それは大変ですね。岡口さんはご出身は大分でしたっけ。

岡口　ええ。親は田舎の牧師だから、お金なんかあるわけないんですよ。信者数がとても少なくて、献金なんてそんなくれやしないですからね。だから、自分で生きていくしかなかった。

中村　それは大切なことだと思います。

岡口　ぬるま湯じゃダメってことですかね。でも、そういう精神論はあまりよろしくないよね。作為的に自分を追い込む方法として考えられるのは、期限を区切っちゃうとか。**とにかく今年受かると決めて計画を立てる**とかですかね。

中村　それは我々の時代も言われてました。私は予備校に行っていました、2回生からずっと。

岡口　2回生から?

中村　そうですね。私も受かったのは卒業して2年目だから、5年はかかっているのかな。合格者の5分の2は受験3年以内の人から選ぶという、不平等の丙案がある時代でしたね。今考えると、どう考えても憲法14条に反するんちゃうかなと思うんですけど。でも、そんなん当時の我々が言えるわけもなく。我々のころは司法試験はみんなほとんど1人でやっていましたけど、今はロースクールですごく連帯感があるじゃないですか。同期がロースクールと司法修習とで2つあるみたいなものなので。だから、まだ情報とかを得やすいし、モチベーションも保ちやすいとは思うんですけどね。

☑ 弁護士には、なってみたい?

中村　ちょっと答えにくいかもしれないんですけど、裁判官になってから、弁護士になりたいと思われたことはないですか。

岡口　私は、今、日本の行政は、もっとコンプライアンスを高めて、人の支配から法の支配へと大きくシフトをさせなければいけないと思っていて、そのための活動はしてみたいんですよ。そういうプロボノ系の動機で、弁護士になりたいと思うことはありますけど、ただ、とにかく私はお客さんがとれないだろうなと思っているので。

中村　すごく来そうですけど。

岡口　いや、職業としては絶対やれないな。だから、何か副業をしながらじゃないと多分私はできない。作家か何かになって、プロボノ系で何かの活動をやるとか、そういう感じですかね。

中村　岡口さんが弁護士になると言ったら、どこの事務所でも結構引く手あまただと思うんですよ。でも、そういう大きなところにはあまり行きたがらないんじゃないかな、というのは、みんな言うんですけどね。

岡口　やったことがない世界だから、やったらおもしろいかもしれないですね。知らない世界なんですよ。大企業の契約書を作ったりとか、やってみたらおもしろいのかもしれません。

ただ、人生って1回しかないから、いろんなことを何個もできないんですよ。マニュアル系の本は、あと何冊か出して、法曹界の情報インフラの整備は続けたいんですよね。要件事実論についても、誰かがきちんとした学術書を書かなければいけないし、それから、法曹のIT化も進めたいんです。そういうのって、ほかにやってる人がいないから、私がやるしかないと思っていて。しかし、そうなると、そういうのと、多忙な弁護士業務は両立できない気がするんですよね。

中村　なるほど。では、今のところ弁護士になる予定はないですよね。

岡口　昨年、全国ニュースに取り上げられて、日本中に私が裁判官であることが知れ渡ってしまったので、かえって辞めにくくなっています。応援してくれる方もいらっしゃるので。

中村　確かにそれはそうですね。

おまけ

~~裁判官！~~　岡口さんのこと、教えて！

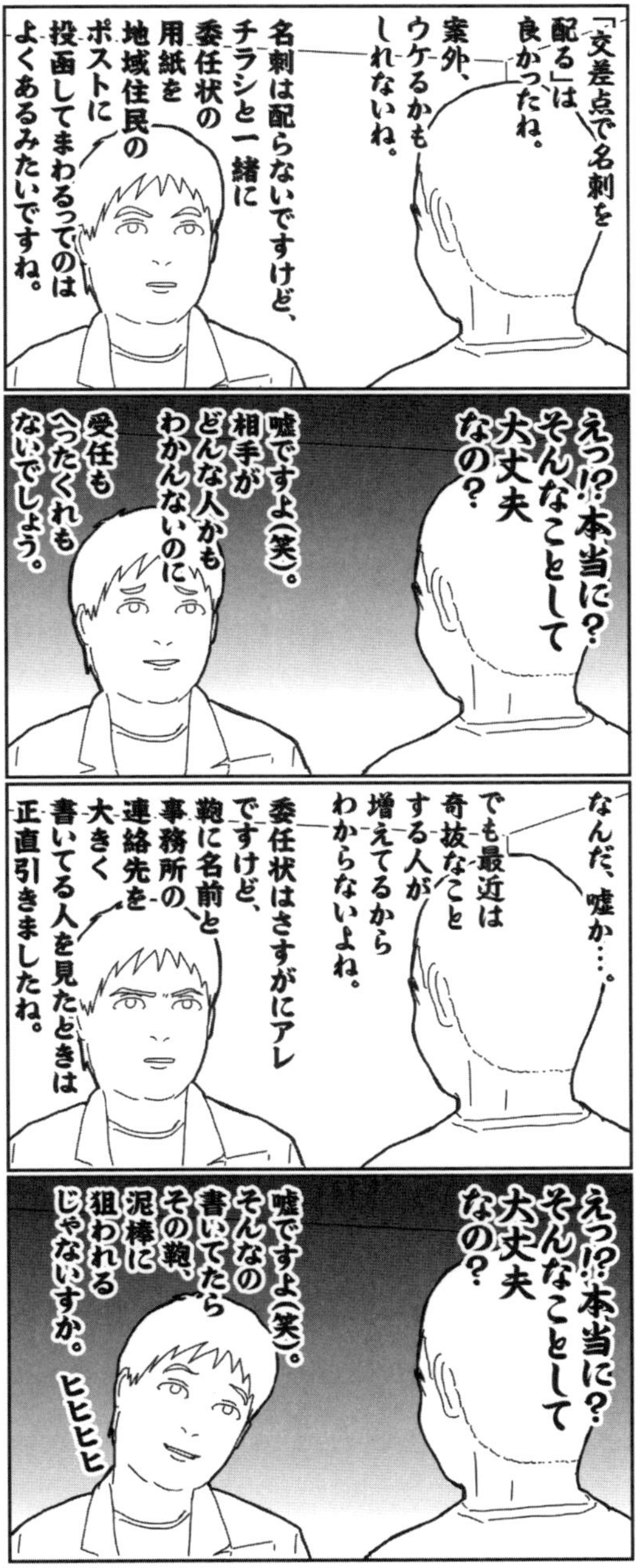

「交差点で名刺を配る」は良かったね。

案外、ウケるかもしれないね。

名刺は配らないですけど、チラシと一緒に委任状の用紙を地域住民のポストに投函してまわるってのはよくあるみたいですね。

えっ!?本当に?そんなことして大丈夫なの?

嘘ですよ(笑)。相手がどんな人かもわかんないのに受任もへったくれもないでしょう。

なんだ、嘘か…。

でも最近は奇抜なことする人が増えてるからわからないよね。

委任状はさすがにアレですけど、鞄に名前と事務所の連絡先を大きく書いてる人を見たときは正直引きましたね。

えっ!?本当に?そんなことして大丈夫なの?

嘘ですよ(笑)。そんなの書いてたらその鞄、泥棒に狙われるじゃないすか。

ヒヒヒヒ

この本ができるまで
(あとがきにかえて)
平成29年春
都内某所
え、てことは弾劾証拠っていっても裁判官によって扱いはまちまちってことですか？
まあ、その辺りは人によるけどね。
刑事が長かった人は峻別する人が多いんじゃないかな。
裁判官と弁護士の対談。
この風変わりな企画が実現するまでには以下のような経緯がありました。
平成28年夏
岡口裁判官との民事訴訟手続の対談。どうですか？
担当編集者Iさん
Iさんあなた相変わらず、エグい企画考えるよね。
でも、私、岡口さんと会ったのは一度きりで、とてもそんなことお願いできないよ。
それに今は色々と時期が悪い。
最初、この話があったとき
私はそう言って断り、担当さんもその日は帰りました。

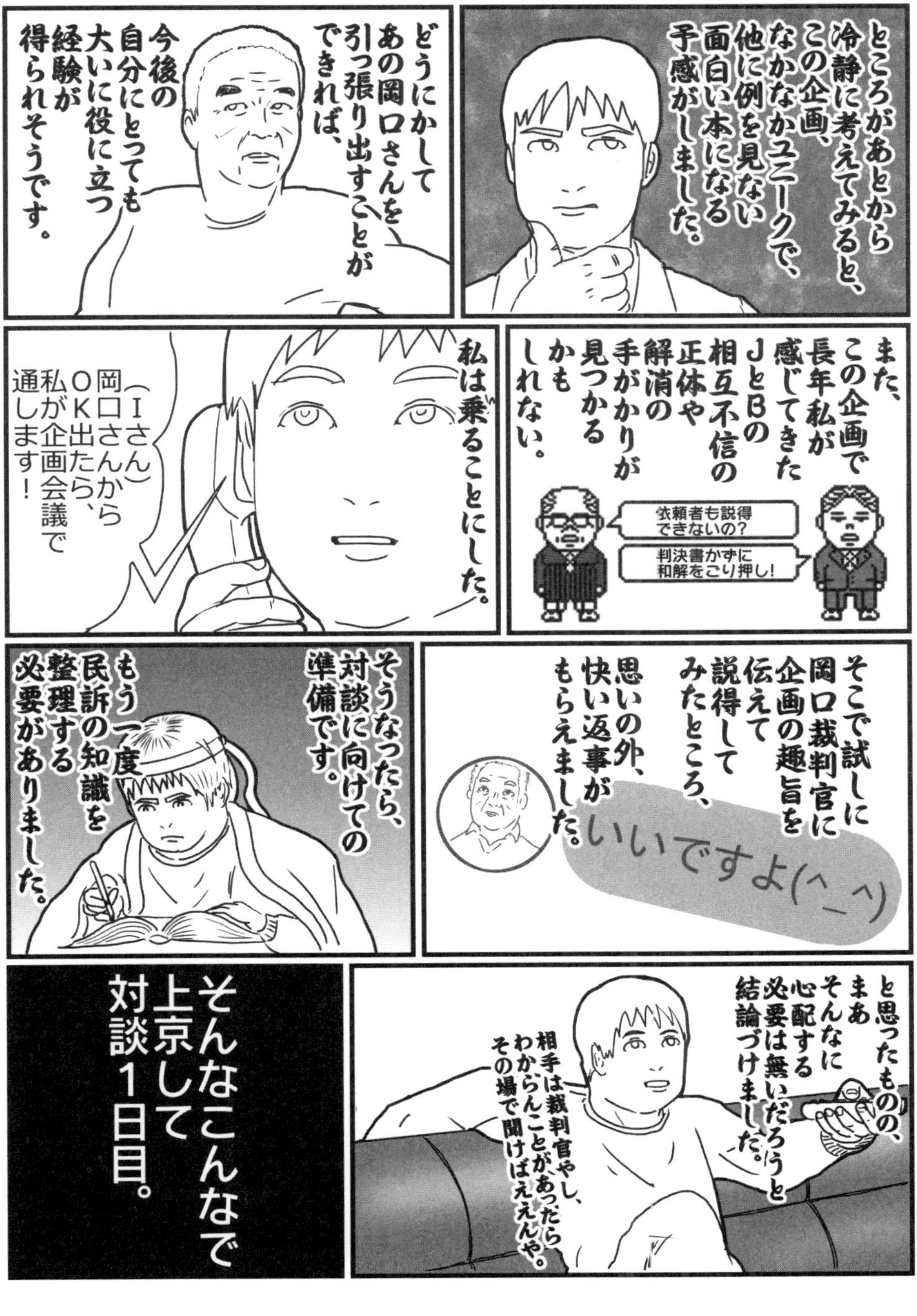
ところがあとから冷静に考えてみると、この企画、なかなかユニークで、他に例を見ない面白い本になる予感がしました。

どうにかしてあの岡口さんを引っ張り出すことができれば、今後の自分にとっても大いに役に立つ経験が得られそうです。

また、この企画で長年私が感じてきたJとBの相互不信の正体や解消の手がかりが見つかるかもしれない。

依頼者も説得できないの?

判決書かずに和解をごり押し!

私は乗ることにした。

（Iさん）岡口さんからOK出たら、私が企画会議で通します!

そこで試しに岡口裁判官に企画の趣旨を伝えて説得してみたところ、思いの外、快い返事がもらえました。

いいですよ(^_^)

そうなったら、対談に向けての準備です。

もう一度民訴の知識を整理する必要がありました。

と思ったものの、まあそんなに心配する必要は無いだろうと結論づけました。

相手は裁判官やし、わからんことがあったらその場で聞けばええんや。

そんなこんなで上京して対談1日目。

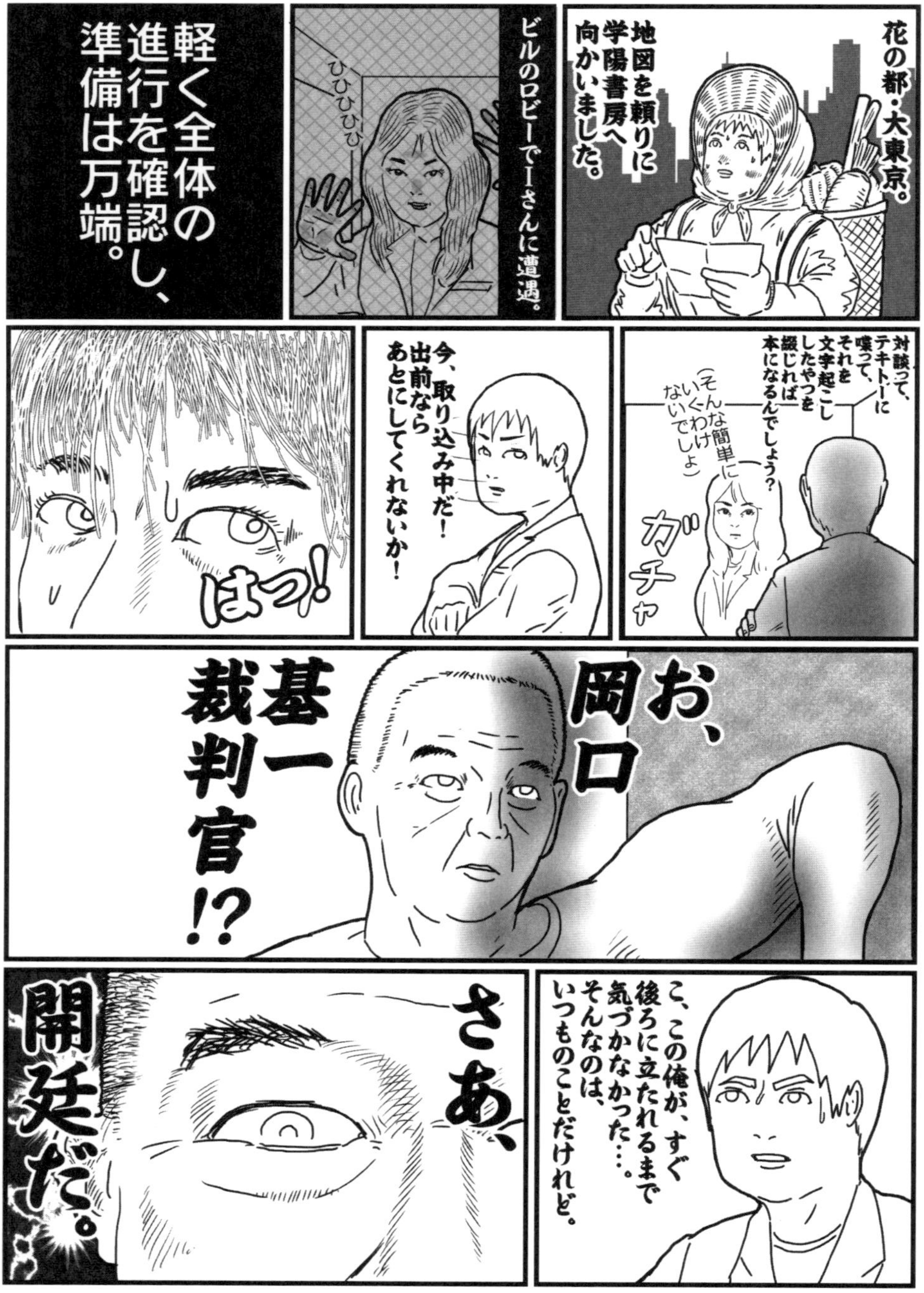
花の都・大東京。

地図を頼りに学陽書房へ向かいました。

ビルのロビーでIさんに遭遇。

ひひひひ
軽く全体の進行を確認し、準備は万端。

対談って、テキトーに喋って、それを文字起こししたやつを綴じれば本になるんでしょう？

（そんな簡単にいくわけないでしょ）

ガチャ
今、取り込み中だ！出前ならあとにしてくれないか！

はっ！

お、岡口基一裁判官!?

こ、この俺が、すぐ後ろに立たれるまで気づかなかった…。そんなのは、いつものことだけれど。

さあ、
開廷だ。

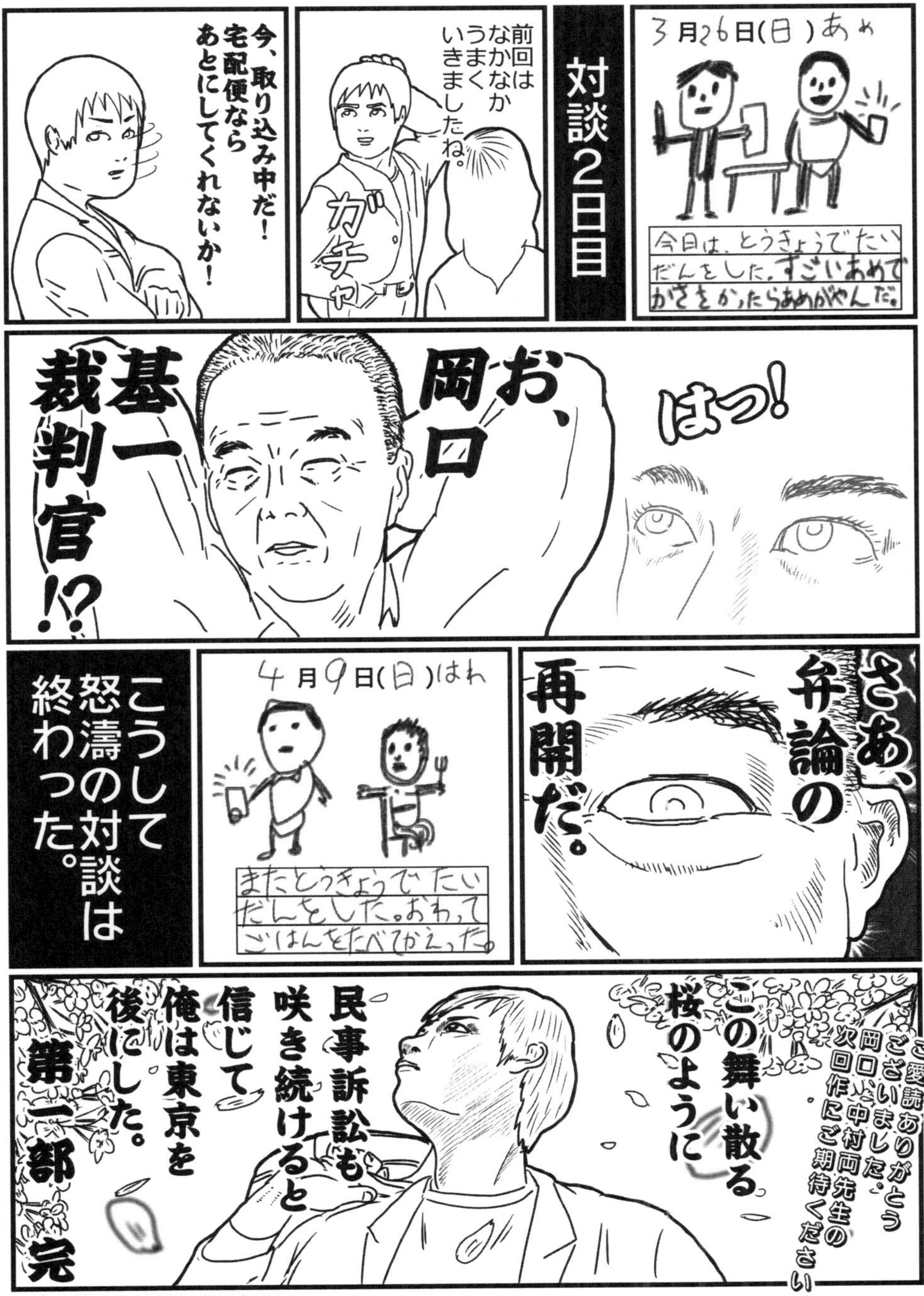

※第二部以降の予定はありません。

学陽書房編集部にて
岡口裁判官（右）、中村弁護士（左）

■著者紹介

岡口　基一（おかぐち・きいち）

略歴：1990年　東京大学卒業
　　　1994年　浦和地方裁判所判事補
　　　1999年　東京地方裁判所知的財産権部特例判事補
　　　2004年　福岡地方裁判所行橋支部判事
　　　2015年　東京高等裁判所判事

主要著書等:『要件事実入門』（創耕舎、2014年）、『要件事実入門（初級者編）』（創耕舎、2015年）、『民事訴訟マニュアル―書式のポイントと実務―　第２版（上・下）』（ぎょうせい、2015年）、『要件事実問題集〔第４版〕』（商事法務、2016年）、『要件事実マニュアル　第５版　全５巻』（ぎょうせい、2016～2017年）

中村　真（なかむら・まこと）

略歴：2000年　神戸大学法学部卒業
　　　2003年　弁護士登録
　　　2006年　司法書士特別研修講師
　　　2014年　神戸大学法科大学院講師（ローヤリング）
　　　2015年　経済産業省中小企業庁・
　　　　　　　経営革新等支援機関認定
　　　　　　　神戸簡易裁判所民事調停官、
　　　　　　　近畿弁護士会連合会税務委員会委員

ブログ：「WebLOG弁護士中村真」（http://nakamuramakoto.blog112.fc2.com/）

主要著書等:『要件事実入門』（マンガ）（創耕舎、2014年）、『交通事件処理マニュアル（新版）』（表紙の絵）（大阪弁護士会交通事故委員会、2015年）、『若手法律家のための法律相談入門』（学陽書房、2016年）、『破産管財PRACTICE』（編著）（民事法研究会、2017年）

裁判官！　当職そこが知りたかったのです。
― 民事訴訟がはかどる本 ―

2017年12月18日　初版発行
2025年 1 月31日　7 刷発行

著　者　　岡口《おかぐち》　基一《きいち》・中村《なかむら》　真《まこと》
発行者　　佐久間重嘉
発行所　　学陽書房

〒102-0072　東京都千代田区飯田橋1-9-3
営業部　電話　03-3261-1111　FAX　03-5211-3300
編集部　電話　03-3261-1112
http://www.gakuyo.co.jp/

ブックデザイン／スタジオダンク
DTP制作／ニシ工芸株式会社　印刷・製本／三省堂印刷

★乱丁・落丁本は、送料小社負担でお取り替え致します。
ISBN 978-4-313-51165-1 C2032